S. FISCHER

Gesine Schwan

EUROPA VERSAGT

Eine menschliche Flüchtlingspolitik
ist möglich

Unter Mitarbeit
von Malisa Zobel

S. FISCHER

Aus Verantwortung für die Umwelt hat sich der S. Fischer Verlag zu einer nachhaltigen Buchproduktion verpflichtet. Der bewusste Umgang mit unseren Ressourcen, der Schutz unseres Klimas und der Natur gehören zu unseren obersten Unternehmenszielen.

Gemeinsam mit unseren Partnern und Lieferanten setzen wir uns für eine klimaneutrale Buchproduktion ein, die den Erwerb von Klimazertifikaten zur Kompensation des CO_2-Ausstoßes einschließt.

Weitere Informationen finden Sie unter: www.klimaneutralerverlag.de

Originalausgabe

Erschienen bei S. FISCHER

© 2021 S. Fischer Verlag GmbH,
Hedderichstr. 114, D-60596 Frankfurt am Main

Satz: Dörlemann Satz, Lemförde
Druck und Bindung: CPI books GmbH, Leck
Printed in Germany
ISBN 978-3-10-397116-3

Inhalt

Vorwort

Die europäische Flüchtlingspolitik treibt viele Menschen um, gerade überzeugte Europäer*innen. Mit Mut und Opferbereitschaft kämpfen sie gegen die Unmenschlichkeit an – insbesondere mit der Teilnahme an der Seenotrettung, in vielen zivilgesellschaftlichen Initiativen, in Städten und Kommunen, in Unternehmen, in den Kirchen, in der Wissenschaft, aber auch in politischen Parteien, Parlamenten und Verbänden. Gäbe es nicht die schwierige Mischung von parteipolitischen Machtkämpfen und medialen Sensationskampagnen – unsere europäischen Gesellschaften hätten längst zu menschlicheren Lösungen gefunden.

Wir müssen so schnell wie möglich aus der Sackgasse der Unmenschlichkeit herauskommen. Dieses Buch will dafür Wege zeigen. Ich bin überzeugt davon, dass unsere Werte und unsere wohlverstandenen langfristigen Interessen sich dabei treffen und gegenseitig stärken.

Danken möchte ich vor allem meiner Mitarbeiterin Dr. Malisa Zobel für die lange enge Zusammenarbeit am Thema und am Manuskript – einvernehmlich im Ziel, zuweilen streitend über Schritte im Einzelnen. Ihre beharrliche Überzeugungstreue hat mich immer angerührt und angespornt und bereitet mir große Freude. Von ihr stammen in diesem Buch die Abschnitte über das »Asylrecht in der Europäischen Union«, der Vorschlag für ein »Matching-System« zur Abstimmung zwischen den Interessen der Geflüchteten und der Kommunen und das Konzept für »dezentrale Asylverfahren in einzelnen europäischen Nationalstaaten«. Darüber hinaus hat sie das ganze Manuskript sorgfältig durchgesehen und korrigiert.

Ich danke auch von Herzen der Schöpflin Stiftung, dem engagierten und unkonventionellen Stifter Hans Schöpflin, der das Flüchtlings-Projekt der HUMBOLDT-VIADRINA Governance Platform großzügig fördert, der Projektleiterin Anna Hässlin, die es sehr klug kritisch begleitet und zugleich unterstützt, und dem Geschäftsführer Tim Göbel, der einen sorgfältigen ökonomischen Blick über allem hält.

Dr. Steffen Angenendt hat sich dankenswerterweise die Zeit genommen, das Manuskript ebenfalls durchzuarbeiten und mit vielen wertvollen Kommentaren, Fragen und Einwänden zu versehen.

Von Gerald Knaus, der wie kein anderer die Zahlen von Flüchtlingen und Migrant*innen kennt, habe ich wertvolle Unterlagen für die Schätzung der Zahlen bekommen, die unter unwürdigen und z. T. klar widerrechtlichen Bedingungen auf dem Balkan und auf den griechischen Inseln leben. Dafür danke ich ihm herzlich.

Ich danke auch insbesondere den SPD Bundestagsabgeordneten Professor Dr. Lars Castellucci und Helge Lindh ebenso wie den sozialdemokratischen Europaabgeordneten Udo Bullmann und Jens Geier, die mit beharrlichem Engagement für eine menschliche Flüchtlingspolitik kämpfen. Ohne die enge Zusammenarbeit mit ihnen und weiteren Mitgliedern der Fraktion von Sozialisten und Demokraten im EU-Parlament hätte ich viele Einsichten nicht gewinnen können, sie haben mir immer wieder geholfen, politischen Realitätssinn und ethische Unnachgiebigkeit zusammenzubringen.

Deren frühere Fraktionsvorsitzende, die Portugiesin Maria Joao Rodrigues, hat mich auf die Idee des finanziellen Anreizes für die Aufnahme von Geflüchteten gebracht, zunächst gedacht als Unterstützung der Staaten, die Flüchtlinge aufnehmen wollen und dafür vor allem Arbeitsplätze schaffen müssen. Als Präsidentin der »Foundation of European Progressive Studies« hat Maria Joao Rodrigues zusammen mit dem EU-Außenbeauftragten Josep Borell und FEPS-Geschäftsführer Laszlo Andor dafür gesorgt, dass der Grundgedanke der im Folgenden dargelegten Strategie, die Stärkung der kommunalen Rolle bei der Flüchtlingsaufnahme, in dem UN-Pakt für Migration von 2018 eine wichtige Rolle spielt.

Eine unermüdliche Streiterin für die hier vorgetragene menschliche Flüchtlingspolitik ist die aktuelle Vizepräsidentin des EU-Parlaments Dr. Katarina Barley. Dafür bin ihr überaus dankbar.

Wichtig bei der Verfolgung einer menschlichen Flüchtlingspolitik waren und sind die Bundestagsabgeordnete von Bündnis90/Die Grünen Dr. Franziska Brandtner ebenso wie der Bundestagsabgeordnete der Partei Die Linke (und Mitglied des Bundesvorstandes) Dr. Axel Troost. Ihnen fühle ich mich ebenfalls dankbar verbunden.

Auch der Deutsche Gewerkschaftsbund hat mit seinem Vorsitzenden Reiner Hoffmann sehr geholfen, als er die Grundideen der Strategie in sein Wahlprogramm 2019 für das EU-Parlament aufgenommen hat.

Schon unter der Leitung von Renate Tenbusch hat die Friedrich Ebert Stiftung in Brüssel die hier vorgeschlagene Strategie durch Konferenzen unterstützt. Marco Funk und Tobias Schmitt, die einander in Brüssel in der Verantwortung für das Thema gefolgt sind, standen und stehen bei der Umsetzung einer menschlichen Flüchtlingspolitik immer hilfreich zur Seite. Dafür gebührt allen dreien großer Dank!

Der gegenwärtigen französischen Botschafterin in Berlin, Anne-Marie Descotes und ihren Vorgängern Philippe Étienne und Maurice Gourdault-Montagne sowie dem grünen Abgeordneten des EU-Parlaments Daniel Cohn-Bendit bin ich sehr dafür verbunden und dankbar, dass sie diese Strategie bei Präsident Emmanuel Macron vorgetragen haben. Es war sehr wichtig, dass er schon im Frühjahr 2017 für den Kerngedanken eines »Europäischen Fonds für Integration und kommunale Entwicklung« vor dem EU-Parlament plädiert hat.

Dr. Marek Prawda, langjähriger Botschafter in Berlin und Brüssel und bis vor kurzem Leiter der Vertretung der Europäischen Kommission in Warschau hat sich unter widrigen politischen Bedingungen beharrlich und unbeirrbar für eine menschliche Flüchtlingspolitik in Europa und in Polen engagiert. Dasselbe gilt für Roża Thun, polnische Abgeordnete der Europäischen Volkspartei im EU-Parlament und ihren Mann Franz Thun, der in diesem Sinne in der Verwaltung der Hauptstadt Warschau gearbeitet hat, und Professor Dr. Irena Lipowicz, langjährige Ombudsfrau der polnischen Regierung vor PiS und engagierte Professorin für Verwaltungsrecht mit dem Ziel der Stärkung der Kommunen. In Danzig hat sich seit Jahren unter dem mutigen Stadtpräsidenten Pawel Adamowicz, der im Jahre 2019 ermordet worden ist, Marta Siciarek für eine menschliche Aufnahme von Geflüchteten engagiert und tut das weiter. Allen bin ich in Dank tief verbunden.

Jörg Bong hat sich im Winter dieses Jahres für das Projekt des Buches im Handumdrehen begeistert und den Fischer Verlag zur Veröffentlichung gewonnen. Dafür bin ich ihm sehr dankbar.

Von Herzen dankbar bin ich schließlich Ulrike Holler und Dr. Alexander Roesler für das Engagement und das stimulierende Wohlwollen, mit dem sie das Buch von Anfang an großzügig begleitet haben.

I Einleitung

Am 20. Juli 1957 schaute ich zusammen mit meiner französischen Freundin Claudette Caze im Auditorium Maximum der Freien Universität Berlin den polnischen Film »Die letzte Etappe« (»Ostatni Etap«) an. Wir waren beide 14 Jahre alt. Die polnische Regisseurin Wanda Jakubowska hatte diesen dokumentarisch inszenierten Spielfilm über Auschwitz gedreht, wo sie selbst von 1942 bis zur Evakuierung des Lagers 1945 interniert gewesen war. Der Film hat mich tief verstört und meine politische Haltung für immer geprägt. Die ganze Nacht konnte ich nicht schlafen. Ich sah die nächtliche Szene des Innenhofs von Auschwitz vor mir, auf dem Hunderte von Häftlingen bei Minusgraden von 20 Grad stehend die Nacht verbringen mussten. Sie lehnten sich dicht aneinander und schwankten rhythmisch leicht hin und her, um diese Tortur möglichst gemeinsam zu überleben.

Einige Jahre später erfuhr ich vom Schicksal des Schiffes St. Louis. Auf diesem Schiff der Reederei Hapag wollten nach der Reichspogromnacht 1938 937 jüdische Deutsche von Hamburg nach Kuba und in die USA auswandern. Sie hatten dafür auch zumeist gültige Papiere. Sie wurden aber – bis auf wenige Ausnahmen in Kuba – nicht vom Schiff gelassen. Der deutsche Kapitän des Schiffes, Gustav Schröder, bat Präsident Roosevelt persönlich, die Passagier*innen in die USA einreisen zu lassen – vergeblich. Der Präsident, der die Erlaubnis ursprünglich erteilen wollte, beugte sich dem Druck seiner Demokratischen Partei, von denen Teile drohten, ihn bei der Wahl 1940 nicht mehr zu unterstützen, wenn er die jüdischen Flüchtlinge von Bord ließe. Auch der damalige kanadische Ministerpräsident lehnte es ab, die Passagier*innen landen zu lassen. Das Schiff musste nach Europa zurückkehren, erhielt schließlich in Belgien die Landerlaubnis, und die Passagier*innen wurden von Antwerpen aus in die Niederlande, nach Frankreich und nach Großbritannien verteilt. Nur diejenigen, die dort aufgenommen wurden, waren ihres Lebens sicher, wenn sie auch wiederum interniert wurden. Auf alle anderen wartete eine furchtbare, zum Teil tödliche Odyssee. Nach den Recherchen des United States Holocaust Memorial Museum wurden 254 Passagier*innen schließlich im Holocaust ermordet.

Im Jahre 2012 hat sich das amerikanische Außenministerium bei zehn überlebenden Passagier*innen der St. Louis entschuldigt. Sechs Jahre später sagte der kanadische Premier Justin Trudeau unter Beifall im nationalen Parlament: »Wir entschuldigen uns für die Herzlosigkeit der kanadischen Antwort.« Und weiter: »Kanada habe sich geweigert zu helfen, wo es habe helfen können, und habe dadurch zum ›grausamen Schicksal‹ vieler Menschen beigetragen, die später in den NS-Vernichtungslagern ermordet wurden.« (Trudeau, 2018)

Diese beiden Erinnerungen bewegen mich bis heute dazu, nicht nachzulassen bei dem Versuch, einen humanen Weg für die Aufnahme der Flüchtlinge in Europa zu finden. Hinzu kommen viele weitere moralische und politische Motive und Erwägungen. Aber die bittere historische Erfahrung, dass demokratische Politiker*innen dem unsäglichen inhumanen Druck aus Teilen ihrer Gesellschaft, ihrer Parteien und ihrer Wähler gegen die Aufnahme der fliehenden Jüdinnen und Juden nachgegeben haben, trotz der tödlichen Bedrohung durch die Nationalsozialisten, empfinde ich als besonders beschämend und als unabdingbaren Auftrag, derartiges in Zukunft nicht wieder geschehen zu lassen. Wenn die verbindlichen ethischen und rechtlichen Standards, zu denen wir

Demokrat*innen uns öffentlich bekennen, selbst in Demokratien, wo es keine Bedrohung an Leib und Leben gibt, missachtet werden, machen wir uns mitschuldig, wenn wir nicht dagegen angehen.

Tatsächlich ist eine pragmatische und menschliche Antwort auf die Herausforderung der Flüchtlingsschutzkrise am ehesten in den Kommunen mit ihrer aktiven Zivilgesellschaft zu finden, weshalb diese hier eine zentrale Rolle einnehmen. Der Vorschlag, den ich im Folgenden näher skizziere, ist keinesfalls das einzige Allheilmittel für die EU-Migrations- und Flüchtlingspolitik, dafür ist Politik im Allgemeinen zu komplex, als dass ein Buch alle Probleme lösen könnte. Das gilt speziell für die EU-Politik, die von Verwerfungen geprägt ist, die weit über die Migrations- und Fluchtthemen hinausgehen. Es ist der Versuch, eine Alternative zur derzeitigen inhumanen Abschottungspolitik zu zeigen.

Die folgende Streitschrift behandelt nur die europäische Flüchtlingspolitik. Sie richtet den Blick auch nach Afrika und auf den Nahen Osten, kann aber die globale Dimension von Migration nicht einbeziehen. Mir ist bewusst, wie drängend die Probleme auch in anderen Teilen der Welt sind.

Wenn im Folgenden von Europa die Rede ist, sind damit die wichtigsten politischen Akteure der Europäischen Union in der Migrationspolitik gemeint. Das sind die Europäische Kommission, das Europäische Parlament, der Europäische Auswärtige Dienst und vor allem – entscheidend! – der Europäische Rat, das heißt die europäischen Regierungschef*innen. Dahinter stehen die europäischen Nationalstaaten. Frontex, die Küstenwache, und das Europäische Unterstützungsbüro für Asylfragen (EASO) haben ausführende Funktionen.

Auf einen Blick – das sind die Thesen des Buches

1. Die Europäische Union versagt in der Flüchtlingspolitik, weil sie im Gegensatz zu den von ihr proklamierten Werten handelt.

2. Mit diesem moralischen Selbstwiderspruch schaden wir Europäer*innen uns selbst. Wir verlieren nach innen und außen Glaubwürdigkeit und Vertrauen und zerstören unseren sozialen und politischen Zusammenhalt ebenso wie die Grundlage unserer Demokratien. So vergeben wir die Chancen für eine reiche, konstruktive und sinnvolle gemeinsame Zukunft, bei uns und im globalen Nord-Süd-Verhältnis.

3. Für eine menschliche Flüchtlingspolitik müssen wir das leitende Prinzip der gegenwärtigen europäischen Flüchtlingspolitik, Flüchtlinge so weit wie möglich abzuschrecken, zugunsten der Einsicht verabschieden, dass wir Flüchtlingspolitik als Win-win-Strategie gestalten können, die auch in unserem eigenen langfristigen Interesse liegt.

4. Der praktische Weg aus der Sackgasse der gegenwärtigen Flüchtlingspolitik herauszukommen, liegt darin, in einer Koalition der willigen Staaten eine freiwillige Vereinbarung über die Aufnahme von Flüchtlingen zu treffen und positive, auch finanzielle Anreize dafür zu bieten, anstatt alle EU-Staaten unter Androhung von Sanktionen zur »Abnahme« von Flüchtlingen zu verpflichten. In der freiwilligen Vereinbarung sind Flüchtlinge nicht mehr eine Last, sondern eine Chance.

5. In der Flüchtlingspolitik ist eine Übereinstimmung von langfristigen Interessen einerseits und Werten andererseits am leichtesten auf der Ebene der Kommune zu erzielen. Hier kann die Abstimmung transparent erfolgen und die Zustimmung der Bürger*innen gewonnen werden. Eine menschliche Flüchtlingspolitik kann hier überdies mit einer erfolgreichen Ausweitung wirksamer Bürger*innenpartizipation verbunden

werden, die mit der repräsentativen Demokratie vereinbar ist. Auch das ist ein Gewinn.

6. Im Einklang mit den UN-Nachhaltigkeitszielen 2030 und mit der langfristigen kommunalen Integration und Entwicklung können »Kommunale Entwicklungsbeiräte« die Aufnahme von Geflüchteten in ihre Zukunftsplanung für die Kommune integrieren. Die aufnahmebereiten Staaten kooperieren mit den aufnahmebereiten Kommunen bei der dezentralen Ansiedlung der Geflüchteten. Ein Matching-System stimmt die Interessen der Flüchtlinge mit denen der Kommunen ab.

7. Die Finanzierung der Aufnahme erfolgt durch einen »Europäischen Fonds für Kommunale Integration und Entwicklung«, bei dem die aufnahmewilligen Kommunen die Finanzierung der Integration der Flüchtlinge unkompliziert beantragen können und zusätzlich in derselben Höhe eine Finanzierung der Projekte erhalten, die in ihrem eigenem Interesse liegen.

8. Menschliche Asylverfahren sind auf Transparenz, Fairness, Vertrauenswürdigkeit und Schnelligkeit angewiesen. Rechtsbeistand und die Anwesenheit der organisierten Zivilgesellschaft sind von zentraler Bedeutung während der Asylverfahren. Unterschiedliche Kategorien von Flüchtlingen brauchen komplementäre Einwanderungs- und Arbeitsregelungen.

9. Menschliche Asylverfahren können in zentralen europäischen Prüfzentren oder auf der nationalen Ebene durchgeführt werden.

10. Flüchtlinge mit Asylberechtigung, mit subsidiärem Schutz und solche, die nicht rückgeführt werden können (Geduldete), sollten nach dem Matching-Verfahren gleichbehandelt werden. Wer definitiv kein Recht auf Asyl hat und auch nicht in alternative – gegebenenfalls temporäre – Bleibeprogramme wechseln kann, muss, möglichst mit finanzieller Unterstützung, rückgeführt werden.

11. Die Sorge vor einem Pull-Effekt auf Flüchtlinge, besonders aus Afrika, kann nur durch einen Perspektivwechsel und einen neuen Blick auf den vielfältigen Nachbarkontinent Europas überwunden werden. Anstelle von illusionärer und inhumaner Abschottung Europas bietet eine partnerschaftliche Kooperation entsprechend den langfristigen Interessen Europas und Afrikas für beide Seiten Chancen einer positiven Entwicklung im jeweiligen langfristigen wohlverstandenen Interesse.

12. Auf beiden Seiten können dabei Kommunen und der europäische »Ausschuss der Regionen« eine entscheidende konstruktive Rolle spielen.

Ein »Weiter so« in der Flüchtlingspolitik ist nicht nur beschämend und inhuman, sondern zerstört auch die Chancen von Europas Zukunft, von Demokratie und Frieden. Was uns damit entgeht, sind Lebenssinn und Freude, die aus Verständigung und einem guten Zusammenleben in Europa und über die Grenzen hinweg erwachsen.

II Skandalöse Festung Europa: Die EU-Flüchtlingspolitik steht im Widerspruch zu den europäischen Werten und zum Völkerrecht

1 Die Europäische Union auf gutem Weg?

Europa – als Europäische Union bzw. als politisches Modell – hat immer noch einen guten Ruf, trotz vielfältiger Krisen, die seine Entwicklung kennzeichnen, den Kontinent aber offenbar lange Zeit immer stärker zusammengebracht haben. Europa zieht viele Menschen aus aller Welt an, es steht für eine reiche Tradition und vielfältige Kultur und für das Versprechen einer ebensolchen Zukunft, die es den Menschen erlaubt, individuelle Freiheit in sozialer Sicherheit, Verantwortung und Solidarität zu leben. Europa hat Jahrhunderte von brutalen Kriegen und politischen Exzessen hinter sich und schien nach dem Zweiten Weltkrieg auf bewundernswerte und wundersame Weise seine Lektion gelernt zu haben: Nie wieder Krieg, Nationalismus, Ressentiments im Innern, stattdessen Freiheit, politische wie soziale Verantwortung und Frieden nach innen und außen. Das war insbesondere die Lehre aus dem Nationalsozialismus und dem Zweiten Weltkrieg. Die Wende von 1989 schien diesem Versprechen die Türen endlich über Westeuropa hinaus weit zu öffnen. Diese historische Lernfähigkeit war und ist ein besonderer Schatz der Europäischen Union.

Dabei glaubten 1989 viele, das Zeitalter für Freiheit, Frieden und Demokratie sei global angebrochen. Manche, wie Francis Fukuyama, verstiegen sich zu der Hybris, das Ende der Geschichte und den endgültigen Sieg der liberalen Demokratien zu erklären. Vorsichtigere Geister wussten, dass die Geschichte nie zu Ende geht und dass die Demokratien noch viel für ihre innere Festigung und Stabilisierung tun mussten. Aber es schien doch alles auf dem richtigen, wenn auch noch langen Weg.

Das sieht heute ganz anders aus. Liberale Demokratien werden weltweit von autoritären Regimen und rechtsradikalen Parteien herausgefordert, an die Stelle der Blockauseinandersetzung im Ost-West-Konflikt und von Kriegen zwischen Nationalstaaten sind unzählige Bürgerkriege getreten. Die westlich-liberalen Gesellschaften sind in zerstörerische innere Spannungen geraten. Die Gegensätze zwischen Arm und Reich vergrößern sich kontinuierlich mit nicht nur sozialen und politischen, sondern auch ökonomischen Konsequenzen, die neue globale Krisen, insbesondere auf den Finanzmärkten heraufbeschwören.

Die vergangenen vier Jahre unter der Präsidentschaft von Donald Trump zeigen uns am Beispiel der lange als vorbildlich angesehenen Demokratie in den USA, dass nicht die unverzichtbaren Institutionen allein, sondern letztlich der Geist und die Haltung der Bürger*innen das Unterpfand von Freiheit, Demokratie und Frieden sind. Die europäische und die amerikanische Ideengeschichte halten dazu viele Beobachtungen und Begründungen bereit, nicht zuletzt die Betonung von Madison im 57. Artikel der »Federalist Papers«, der Grundreflexion zur Amerikanischen Verfassung: »Sollte jemand fragen, wodurch das Repräsentantenhaus davon abgehalten werden kann, rechtliche Diskriminierungen zugunsten der eigenen Abgeordneten und einer bestimmten Gesellschaftsschicht einzuführen, so antworte ich: Der Geist des Gesamtsystems, das Wesen gerechter und verfassungsmäßiger Gesetze, vor allem aber der wachsame und mannhafte Geist, der das amerikanische Volk motiviert – ein Geist, der die Freiheit stärkt und im Gegenzug von ihr gestärkt wird.« (Adams & Adams (Hrsg.), 2014, S. 194)

Schauen wir von den USA auf die globale Arena. An die Stelle des Ost-West-Konflikts ist Multipolarität getreten. Sie verführt zu einer Politik der Machtantagonismen, wie sie im 19. Jahrhundert vorherrschte und in die Katastrophe des Ersten Weltkrieges gemündet ist. An die Stelle einer Friedenspolitik, die auf multilaterale Verständigung zwischen den Staaten und stabilisierende Verträge baut, droht eine neue Spirale der Abschreckung, der Aufrüstung, des gegenseitigen Misstrauens, der Rücksichtslosigkeit, der niedermachenden Polemik und prahlerischen Großmannssucht zu treten. Macht tritt in vielen Staaten an die Stelle des Rechts, dreiste Lügen an die Stelle der Anerkennung von Fakten und gemeinsamer Wahrheitssuche, Naturkatastrophen beherrschen die globalen Nachrichten, fördern Dystopien, nicht Utopien, Angst, nicht Zuversicht. Es sieht nicht gut aus für das Gründungsziel der Europäischen Union: Frieden, Freiheit, Wohlstand und Menschenrechte. Das zeigt sich auch darin, dass die EU ein sogenanntes Rechtsstaatlichkeitsverfahren nach Artikel 7 des EU-Vertrags gegen Polen und Ungarn eingeleitet hat, bei dem festgestellt werden soll, ob Polen und Ungarn die Grundwerte der Europäischen Union verletzen. Viktor Orbán, Ungarns langjähriger Regierungschef, hat sich offen von der liberalen Demokratie abgewendet und die ›illiberale Demokratie‹ ausgerufen. Zusätzlich hält die Corona-Pandemie die Welt seit dem Frühjahr 2020 in Atem, mit sehr unterschiedlichen und nicht klar vorhersehbaren Konsequenzen.

Immerhin hat der mit ihr einhergehende Wirtschaftseinbruch in der Europäischen Union dazu geführt, dass die über Jahre beschädigte Solidarität zwischen den wirtschaftlich ärmeren und den reicheren Staaten – anders als während der Finanzkrise, die anschließend zur Staats-Schuldenkrise umgedeutet wurde – durch einen gemeinsamen kreditfinanzierten Aufbau-Fonds wieder Aufwind bekommt. Diese ökonomisch sinnvolle Antwort war vor der Krise immer an den reicheren Staaten, gerade auch an Deutschland gescheitert.

Dass die Ursache für den Wirtschaftseinbruch die durch das Coronavirus hervorgerufene Pandemie war (und nicht mehr, wie bei der sogenannten Staatsschuldenkrise, moralisierend einigen nationalen Regierungen und Gesellschaften in die Schuhe geschoben werden konnte), dass die deutsche Bundeskanzlerin darüber hinaus mit ihrem Verzicht auf eine neue Kandidatur bei der Bundestagswahl 2021 ohne Parteitaktik entscheiden konnte, dass auch durch den deutschen Finanzminister Scholz eine nüchterne ökonomische Analyse hinsichtlich der wohlverstandenen eigenen Interessen die starken Exportländer überzeugen konnte, im eigenen langfristigen Interesse die schwächeren zu unterstützen, um ihre europäischen Absatzmärkte zu erhalten und so frühere ideologische Fixierungen beiseitezuschieben – dies waren wohl einige der wichtigeren Gründe für den epochalen Wandel zugunsten europäischer Solidarität und Kooperation in der Wirtschaft.

Überdies greift durch die handfesten, für alle jeden Tag im Fernsehen sichtbaren und zunehmend bedrohlichen Naturkatastrophen, auch durch die energische »Fridays for Future«-Bewegung ein tiefgehender Bewusstseins- und Stimmungsumschwung um sich, der einer nachhaltigen Politik in der EU zugutekommen kann. Das gilt zwar zunächst noch vorwiegend für die umwelt- und klimabezogene Dimension der Nachhaltigkeit. Aber die sozialen und wirtschaftlichen Ursachen wie die Konsequenzen des Klimawandels werden doch immer greifbarer und damit die Dringlichkeit einer im umfassenden, also auch sozialen Sinne nachhaltigen Politik größer. Politik kann nicht mehr einfach machttaktisch, die nächste Wahl fest im Blick, auf Sicht fahren, sondern muss langfristig alle »Risiken und Nebenwirkungen« ihrer Entscheidungen einbeziehen. Sie alle mit Sicherheit zu erkennen, zu gewichten und in die praktische Politik einzubeziehen bleibt trotz dieser Einsicht eine schwierige Herausforderung. Das kann überhaupt nur gelingen, wenn Transparenz, Rechtsstaatlichkeit und möglichst breite, gut durchdachte demokratische Teilhabe entwickelt und gesichert werden.

2 Das Skandalon der europäischen Flüchtlings- und Asylpolitik

Die Europäische Union könnte dazu auf einem guten Weg sein, bliebe nicht das große Skandalon ihrer Asyl- und Flüchtlingspolitik, das allerdings von tiefer liegenden Gegensätzen innerhalb der EU zeugt: Versteht sie sich als Wertegemeinschaft, geprägt durch innereuropäische Solidarität, oder als lose Staatengemeinschaft, in der nationale Eigeninteressen gegenüber den europäischen dominieren? Je konservativer die nationalen Regierungen, desto ausgeprägter sind ihre nationale Ausrichtung und der Mangel an europäischer Solidarität.

Die EU-Flüchtlingspolitik spricht dabei nicht nur ihren Wertüberzeugungen und menschen- wie völkerrechtlichen Verpflichtungen Hohn. Im täglichen Selbstwiderspruch zwischen den proklamierten Werten und den nur noch als zynisch zu bezeichnenden Handlungen zerstört die EU damit überdies ihre Zukunft, ihren demokratischen Zusammenhalt ebenso wie die Lebensweise, für die sie steht und die ihre Bürger*innen von ihr erwarten. Diese Zukunft hat ohne eine aktive und glaubwürdige globale Politik zugunsten von Frieden, also von Freiheit, Gerechtigkeit und Solidarität für alle Menschen, und ohne überzeugende Gemeinwohlorientierung auf längere Sicht keine Chance. Denn wer die eigenen Werte und die Menschenrechte in wichtigen Bereichen der Politik nach außen dauernd bricht, der setzt das auf die Dauer auch nach innen fort, wie wir bereits in Ungarn und Polen beobachten können. Und der zerstört die Absicherung gegen die Unterminierung der Demokratie, die sie letztlich – das haben die Federalist Papers belegt – braucht, um sich zu erhalten.

Politische Systeme, schon gar demokratische, werden heute von immer breiterer Bildung, von globaler Interdependenz, von ungebremster kapitalistischer Dynamik, von augenblicksgenauer Information und permanent weiter entwickelter Technologie herausgefordert. Sie müssen von uns gestaltet werden, wenn sie nicht Gewalt über uns gewinnen sollen. Politische Systeme können nicht mehr als Unterdrückungsmaschinerien, als Laissez-faire-Gebilde oder als anomisch Dahintreibende überleben. Die öffentliche Manipulation der Kommunikation sowie das Setzen auf ausschließliche Konsuminteressen einerseits und politische Unterdrückung andererseits sind kein nachhaltiges politisches Modell; auch wenn die aktuell scheinbar im Aufwind agierenden autoritären, ja bereits klar diktatorischen Regime wie in Ungarn oder in Brasilien das propagandistisch suggerieren wollen. Auf lange Sicht lassen sich Menschen ihre Freiheit und die Frage nach Gerechtigkeit und dem Sinn ihres Lebens nicht nehmen. Auch in China nicht. Wenn politische Systeme langfristig nicht in staatlicher Gewalt oder Bürgerkrieg versinken sollen, brauchen sie die freiwillige Zustimmung, aber auch das vielfältige Lösungspotenzial und die Energie der Menschen und ihre Mitwirkung, die für ihre grundsätzliche Identifikation mit dem politischen System – bei allen notwendigen politischen Konflikten im Einzelnen – unerlässlich ist.

Was aber geschieht seit Jahren in der Asyl- und Flüchtlingspolitik in der Europäischen Union? Im September 2015 wollte die deutsche Bundeskanzlerin Angela Merkel die deutschen Grenzen gegen die Kriegsflüchtlinge aus Syrien und dem Nahen Osten nicht schließen. Angesichts der sich zuspitzenden humanitären Notlage der ankommenden Menschen entschied sich die Bundeskanzlerin nach Rücksprache mit dem österreichischen Bundeskanzler, diese Notlage nicht weiter zu verschärfen und die Menschen an der

Grenze passieren zu lassen. Keinesfalls stellte es eine Verletzung geltenden Rechts dar, denn die Dublin-III-Verordnung bestimmt nur die prinzipielle Zuständigkeit eines Mitgliedstaats für das Asylverfahren, es ist jedoch jederzeit möglich, durch einen sogenannten Selbsteintritt die eigene Zuständigkeit zu erklären. Sie hat die Grenzen, das ist für die Beurteilung ihrer Entscheidung bedeutsam, dazu keineswegs geöffnet, sondern entschieden, sie nicht zu schließen! Hätte sie anders reagiert und Deutschland hätte wie Ungarn die politische Verantwortung für die ankommenden Menschen verweigert, hätte sie vermutlich eine heftige internationale Reaktion ausgelöst, was sie nicht wollte.

Ihre Entscheidung war allerdings nicht in eine langfristig durchdachte Flüchtlingspolitik eingebettet – die fuhr wie immer auf Sicht – und wurde schon wenige Wochen später auch von ihr durch eine Politik abgelöst, die die Flüchtlinge aus Deutschland und aus der EU konsequent heraushalten sollte. Gleichzeitig behielt Angela Merkel allerdings ihre humanitäre Rhetorik bei. Seitdem herrscht in Deutschland und bei den anderen europäischen Regierungschefs eine Orientierungslosigkeit über Ziele und Möglichkeiten einer europäischen Asyl- und Flüchtlingspolitik: Sie schwankt zwischen theoretisch proklamierten Werten und praktischem Zynismus. »Seit über drei Jahrzehnten arbeite ich mit Flüchtlingen. Aber in diesen drei Jahrzehnten habe ich noch nie einen solchen Zynismus gesehen, ein solches Gift in der Sprache der Politik, in den Medien, in den sozialen Medien, sogar in alltäglichen Gesprächen, wie heute.« So Filippo Grandi, der UN-Hochkommissar für Flüchtlinge (2019).

Die Menschenrechtsbeauftragte des Europarats Dunja Mijatovic erhebt in ihrem Bericht über die Flüchtlingspolitik der EU vom März 2021 schwere Vorwürfe: Die EU-Migrationspolitik verursache »jedes Jahr Tausende vermeidbare Tote« auf dem Mittelmeer. Die europäischen Länder hätten sich einen »Wettlauf nach unten« geliefert, um »schutzbedürftige Menschen außerhalb unserer Grenzen zu halten, mit schrecklichen Folgen« (Zick, 2021). Das ist die Bilanz seit 2015.

Der einzige gemeinsame Nenner zwischen den Regierungen im Europäischen Rat besteht in der Forderung nach einem »besseren Schutz der Außengrenzen«, um möglichst vielen, tendenziell allen Flüchtlingen den Zutritt nach Europa zu verwehren. Offiziell läuft das unter dem Slogan, die »illegale Migration« zu stoppen. Das suggeriert, es gäbe eine legale Migration bzw. legale Zugangswege für Flüchtlinge und Migrant*innen in die EU, was nur ganz sporadisch mit sogenannten Resettlement-Programmen der Fall ist. Das Fehlen legaler Zugangswege hängt vor allem mit strikten Beförderungsauflagen der Fluggesellschaften und einer sehr restriktiven Visavergabe zusammen. Ohne ein gültiges Visum ist jedoch für einen Großteil der Bürger*innen außerhalb der OECD Staaten die Einreise in den Schengen-Raum der EU kaum möglich. Für Schutzsuchende aus Ländern, in denen Krieg herrscht oder in denen sie aufgrund bestimmter Merkmale politisch verfolgt werden, ist es nahezu unmöglich, ein Visum für den Schengen-Raum zu bekommen.[1] Auch die Idee der humanitären Visa, vom Europaparlament unterstützt (EP, 2018), wurde nicht in die Praxis umgesetzt. Das heißt, die meisten Schutzsuchenden haben kein gültiges Visum und müssen einen unautorisierten Eintritt in die Europäische Union wagen. Auch das rhetorisch aufrechterhaltene Recht auf Prüfung des Schutzanspruches hat nur einen Sinn, wenn es in der EU einen legalen Zugang dazu gibt und es dann praktiziert werden kann. Stattdessen aber versuchen die Staats- und Regierungschefs, seine Praktizierung praktisch zu hintertreiben.

---

1 In Kriegsgebieten, insbesondere bei Bürgerkriegen, gibt es kaum funktionierende Auslandsbotschaften, in denen man ein Visum beantragen könnte, und selbst wenn diese existieren, gibt es lange Wartezeiten. Zeit, die politisch Verfolgte nicht haben.

3 Der Versuch, die europäische Asyl- und Flüchtlingspolitik zu europäisieren

Seit den 1990er Jahren hat die Europäische Union versucht, sich auf eine gemeinsame Asylpolitik zu einigen – ohne Erfolg. Sie ist bis heute daran gescheitert, zwischen den Mitgliedstaaten ein faires »Verteilungs«-System für die Aufnahme, Unterbringung und Versorgung der Asylsuchenden sowie für die Prüfung des Schutzanspruchs zu vereinbaren. Dabei verrät das Wort »Verteilung« schon einen der Gründe für das Scheitern. Denn es suggeriert, dass Flüchtlinge wie Äpfel oder Birnen verteilt werden könnten und es bei der europäischen Flüchtlingspolitik im Wesentlichen nicht auf die Rechte, sondern auf die Interessen der Nationalstaaten ankäme.

Mit dem Wegfall der Binnengrenzen durch das Schengen-Abkommen und dem gleichzeitigen Anstieg der Zahl der Asylsuchenden durch die Kriege im ehemaligen Jugoslawien, insbesondere in Deutschland, trat 1997 das Dublin-Übereinkommen in Kraft. Das – in die Dublin-III-Verordnung überführte – Übereinkommen regelt bis heute, welches Land für die Prüfung eines Schutzanspruchs (Asylverfahren) zuständig ist. In der Regel ist das der Staat, in dem die EU zuerst betreten wurde. Diese Dublin-Regelung war vor allem ein Anliegen Deutschlands und bedeutete nach der Osterweiterung 2004, dass Asylsuchende mit dem Flugzeug oder über die Nordsee einreisen müssten, weil überall sonst andere EU-Länder zwischen Deutschland und den EU-Außengrenzen lagen. Dass dadurch der Zugang zu den Asylverfahren eigentlich nur in den EU-Außengrenzstaaten möglich ist, hatte theoretisch zur Folge, dass diese die gesamte Verantwortung für Aufnahme, Unterbringung und Versorgung der Asylsuchenden sowie die Prüfung des Schutzanspruchs allein tragen. Praktisch haben die Außenstaaten gegen diese Ungerechtigkeit die Flüchtlinge einfach ohne Registrierung nach Norden ziehen lassen.

Damit hatte sich Deutschland, unter der öffentlich vorherrschenden politischen Prämisse, dass Asylsuchende eine Belastung und möglichst zu vermeiden seien, gleichsam mit dem EU-Recht gegen Flüchtlinge »gesichert«. Erkennbares Zeichen für diese Prämisse ist, dass Innenminister ihre Erfolge in der Asyl- und Flüchtlingspolitik immer dadurch bekundeten und weiterhin bekunden, dass weniger Flüchtlinge ins Land gekommen bzw. mehr abgeschoben worden sind. Diese Grundhaltung hat sich in der deutschen Regierungspolitik und im Europäischen Rat, der für die europäische Asylpolitik letztlich entscheidend ist, über die Jahre nicht geändert, sondern eher verfestigt. Dies ist die Grundhaltung jedenfalls konservativer Regierungen, aber auch z. B. der dänischen sozialdemokratischen Regierungschefin, die seit Frühjahr 2021 sogar wieder Syrer*innen abschieben und vorerst in Abschiebelagern sammeln will (Vgl. Strittmatter, 2021). Sie ist verbunden mit der unausgesprochenen Annahme, dass Flucht und Migration Ausnahmesituationen beschreiben, dass man auf Lösungen für die EU verzichten und die Herausforderungen aussitzen kann und sollte.

Diese Perspektive steht im Widerspruch zu den von der EU proklamierten Werten. Sie folgte auch daraus, dass der Bedarf der EU nach einer gemeinsamen Asyl- und Flüchtlingspolitik – anstelle nur einzelstaatlicher Regelungen – nicht aus humanitären Motiven, sondern aus dem Wunsch nach Grenzsicherung entstanden ist, der sich nach Schengen mit der Öffnung der innereuropäischen Grenzen auf die Außengrenzen verlegt hat. Infolgedessen ressortierte die Flüchtlingspolitik bei den Innenministern, und Asylsuchende wurden vornehmlich unter der Perspektive der Infragestellung oder Gefährdung der Grenzen und der äußeren Sicherheit sowie der staatlichen Souveränität wahrgenommen. Es lag daher nahe, dass Abwehr und das Bedürfnis nach Sicherheit bei der Formulierung der Asyl- und Flüchtlingspolitik im Vordergrund standen.

Dies zumal es seit Jahrhunderten neben dem traditionellen moralischen Wert des Asyls und der Gewährung von Schutz vor Verfolgung in den Bevölkerungen auch eine ebenso traditionelle Skepsis, ja Gegnerschaft gegen Fremde gab und gibt. Gegen diese Skepsis musste der Wert des Asyls eben gerade seit Jahrhunderten ethisch hochgehalten werden. Diese Auseinandersetzung, in der Wissenschaft ein vertrautes Thema, hat sich in der europäischen Öffentlichkeit seit dem starken Anstieg der ankommenden Asylsuchenden in den Jahren 2015 und 2016 noch verstärkt. In den Jahren zuvor haben zwar die Ankunftsstaaten Griechenland, Italien und auch Spanien immer wieder Solidarität von den europäischen Nachbarn wegen der hohen Zahl ankommender Asylsuchender eingefordert. Diese stellten sich aber taub, auch Deutschland unter Bundeskanzlerin Merkel. Erst als die südlichen Länder im Sommer 2015 die zu Hunderttausenden ankommenden Menschen nach Nordeuropa »durchwinkten«, nahmen diese die Herausforderung wahr. Die Asylsuchenden waren in großer Zahl vor dem Bürgerkrieg in Syrien und aus den Flüchtlingslagern im Libanon geflohen, in denen es kaum Perspektiven auf eine bessere Zukunft gab. Die ohnehin schon schlechte Perspektive in den Lagern wurde dann zusätzlich verschlechtert, weil die UNHCR-Zuwendungen um 50% gekürzt werden mussten. Das geschah, weil die UN-Mitgliedsländer – auch Deutschland – ihre Zahlungen stark reduziert oder eingestellt hatten. Die Zahlungsreduktion zeigt, wie wenig die EU-Länder die politische Herausforderung der Flüchtlingspolitik als langfristige Aufgabe bis 2015 zur Kenntnis genommen hatten.

Als im September 2015 in Budapest eine immer größere Zahl von Asylsuchenden festsaß, hat Bundeskanzlerin Angela Merkel, wie gesagt, nach Rücksprache mit dem österreichischen Bundeskanzler Werner Faymann zugesichert, dass die deutschen Grenzen geöffnet bleiben, wenn die Asylsuchenden aus Ungarn nach Österreich und Deutschland weiterreisen. Auf diesem Wege kamen 2015 insgesamt ca. 900 000 Geflüchtete nach Deutschland, die zunächst auch nicht registriert wurden.

Diese Zeit wird von vielen Beobachtern als Wendepunkt in der europäischen und der deutschen Asyl- und Flüchtlingspolitik gesehen, weil die Außengrenzstaaten die Zahl der Ankommenden nicht bewältigen konnten und deshalb die Menschen nicht mehr registrierten. Damit war das bestehende Dublin-Übereinkommen mit der klaren Zuständigkeit der Außengrenzstaaten ganz offiziell in Frage gestellt. Zudem blieb die Reform des Gemeinsamen Europäischen Asylsystems und der Dublin-Verordnung, auf die das Europaparlament sich schon geeinigt hatte, im Europäischen Rat stecken. Im gegenwärtigen, schon Jahre anhaltenden Schwebezustand halten viele, wie die deutsche Bundeskanzlerin, das formal noch bestehende Dublin-Übereinkommen (Dublin-III-Verordnung) zwar für überholt und für nicht mehr praktikabel, weil Dublin-III weder die Solidarität mit den Hauptankunftsländern noch die »Verteilung« der Flüchtlinge wirksam regelt. Aber zu einer Einigung über eine neue Regelung des Zugangs zum Asyl ist es bisher nicht gekommen.

Auch der groß angekündigte neue Entwurf der Europäischen Kommission vom September 2020 macht keinen Vorschlag zur Sicherung des Zugangs zum Asylverfahren und zur Verteilung der Flüchtlinge. Dessen erkennbar dominierende Grundtendenz ist, die europäischen Außengrenzen noch dichter zu schließen, Asylsuchende möglichst schon außerhalb der EU abzuwehren und die afrikanischen Staaten entweder zu erpressen oder dafür zu kaufen, dass sie sich in der Abwehr bzw. der Rücknahme abzuschiebender Flüchtlinge in den Dienst der Interessen der Europäischen Union stellen. Das wird natürlich nicht so klar ausgesprochen, sondern mit humanitärem Vokabular bemäntelt. Die EU-Staaten werden zudem in dem neuen Kommissionsvorschlag von der bisherigen

»Zumutung« einer solidarischen Aufnahme von Asylsuchenden befreit, ein alternativer Vorschlag für ein Anreizsystem für die Aufnahme von Asylsuchenden ist aber auch nicht erkennbar. Zugleich wird an der Fiktion einer gesamteuropäischen Asylpolitik festgehalten. Einen radikaleren faktischen Verzicht auf eine gemeinsame europäische Asyl- und Flüchtlingspolitik als diesen Widerspruch zwischen Rhetorik und Praxis kann man sich nicht denken.

Im Ergebnis hat die Europäische Union es nicht geschafft, eine Asyl- und Flüchtlingspolitik auf den Weg zu bringen und zu praktizieren, die ihren normativen Anforderungen auch nur annähernd entspricht. Im Gegenteil: Die EU setzt zunehmend auf die libysche Küstenwache, die flüchtende Menschen ertrinken lässt oder unerlaubt nach Libyen zurückbringt, und unterstützt damit faktisch Lager in Libyen, in denen die Menschenrechte durch Folter und Vergewaltigungen mit Füßen getreten werden. Mit ihrer praktischen Politik, mit den Lagern auf Lesbos, Chios, Lipa, mit Tausenden von Toten im Mittelmeer und neuerdings auch im Atlantik, mit immer erneuten völkerrechtswidrigen »Refoulements« auf dem Mittelmeer und auf der Balkanroute, mit ungezählten Toten, die in der Sahara verdursten, handelt die Europäische Union im unaufhörlichen Widerspruch zur ihren Beteuerungen über die Werte, die ihre Politik angeblich leiten. Und trotzdem ändert sich nichts.

Schon bevor das Lager Moria auf Lesbos abgebrannt war, besuchte UN-Flüchtlingskommissar Grandi das Lager und geißelte nach einem Bericht der »Deutschen Welle« die dortigen Zustände. Die Situation sei inakzeptabel, es herrsche Gewalt und Ausbeutung. Für Christos Christou, Leiter der griechischen Organisation »Ärzte ohne Grenzen« ist die Situation in Moria eine »Normalisierung und Rechtfertigung des Elends« (Deutsche Welle, 2019).

Der katastrophale Zustand in den Lagern auf den griechischen Inseln hat sich über einen längeren Zeitraum zugespitzt. Schon

2015 legte die EU ein Relocationprogramm auf, das 160 000 Asylsuchenden die Möglichkeit geben sollte, aus Griechenland und Italien in einen anderen Mitgliedstaat umzuziehen. Von den 160 000 vorgesehenen Asylsuchenden erhielt jedoch nur ein Bruchteil die Chance dazu. So hatte zum Beispiel Deutschland zugesagt, rund 27 000 Menschen aufzunehmen, wovon aber nur rund ein Drittel tatsächlich aufgenommen wurde. Obwohl alle in Europa wussten und wissen, dass die Lager auf den griechischen Inseln überfüllt sind, weigerten sich die europäischen Regierungen vor Weihnachten 2020, Kranke und Kinder ohne Begleitung in nennenswerter Zahl aufzunehmen. Dafür müssen von der Seite der deutschen Bundesregierung immer zwei Standardbegründungen herhalten: Man wolle keine Alleingänge in der EU initiieren, und man wolle keinen Pull-Effekt auslösen. Auf beide »Begründungen« komme ich noch zurück.

Zum neuerlichen Fall europäischer Unmenschlichkeit, dem Umgang mit den Flüchtlingen aus dem abgebrannten nordbosnischen Lager Lipa, begründet Friedrich Merz, damals immerhin einer der drei Kandidaten für den CDU-Vorsitz, der im Januar 2021 gegen Armin Laschet in der Stichwahl verloren hat, aber eben doch einen erheblichen Teil der CDU-Mitglieder repräsentiert, seine Ablehnung, die hin- und hergeschobenen Flüchtlinge in Deutschland aufzunehmen, mit dem Satz: »Diese humanitäre Katastrophe lässt sich allerdings nicht dadurch lösen, dass wir sagen: Kommt alle nach Deutschland. Dieser Weg ist nicht mehr geöffnet.« (Frankfurter Rundschau, 2021). Dass dieser Weg nie »geöffnet« war, dass nie »alle« Flüchtlinge nach Deutschland gekommen sind, dass ganz allgemein die übergroße Zahl der Flüchtlinge nahe ihrer Heimat in ihrem Land oder meistens auf dem afrikanischen Kontinent bleiben, blendet er aus und ignoriert damit die Fakten. Auch nach Lösungen drängt es ihn nicht. In Bezug auf die ungelöste Frage nach der Seenotrettung, fällt Merz als Antwort nur ein: »Das Beste wäre, diese Leute würden erst gar nicht losfahren.« (ebd.) Das Beste wäre, es gäbe keine Flüchtlinge ...

Der UN-Flüchtlingskommissar verliert mit der Initiative- und Mutlosigkeit der europäischen Politiker*innen »langsam die Geduld«: »Ehrlich gesagt, kommt [...] jedes Mal, wenn europäische Politiker sich treffen und über Flüchtlingspolitik reden, nicht viel Gutes dabei heraus. Da braucht es gar keine Krise. Die Furcht vieler Politiker vor der Flüchtlingsfrage ist inzwischen vollkommen unverhältnismäßig. Angela Merkel scheint mir diejenige zu sein, die noch am ehesten mit gesundem Menschenverstand agiert. Andere Politiker sind beinahe paranoid.

Vergangene Woche mussten wir die Regierung in Uganda bitten, Zehntausende Vertriebene aus dem Kongo aufzunehmen. Uganda hat genug Probleme, trotzdem hat die Regierung zugestimmt. Wenn Uganda das schafft, warum nicht auch Europa? Einem der reichsten Flecken auf der Erde gelingt es nicht, sich zusammenzureißen. Langsam verliere ich die Geduld.« (Lüdke, 2020).

Die Menschenrechtskommissarin des Europarats, die aus Bosnien Herzegowina stammende Dunja Mijatovic, kritisiert und entlarvt in ihrer Videobotschaft anlässlich des »20. Berliner Symposiums zum Flüchtlingsschutz« die Flüchtlingspolitik der Mitglieder des Europarates, die auch zu großen Teilen Mitglieder der EU sind:

»Immer stärker scheint sich der Fokus der Mitgliedstaaten bei der Ausarbeitung einer Asyl- und Einwanderungspolitik nicht mehr an der Vereinbarkeit mit der Konvention auszurichten. Vielmehr wird mit immer neuen Methoden versucht zu verhindern, diese Verpflichtungen überhaupt zur Anwendung zu bringen ... Dies ist besonders deutlich im Mittelmeerraum zu sehen. Als der Gerichtshof im Fall Hirsi Jamaa feststellte, das Abfangen und die Rückführung der Migranten nach Libyen habe Artikel 3 der Konvention verletzt, war dies ein klares Signal für die Mitgliedstaaten. Obwohl die unmittelbare Rückführung nach Libyen größtenteils eingestellt wurde, wurde das Urteil im Fall Hirsi Jamaa als Vorlage benutzt, um neue Praktiken zu entwickeln und einen effektiven Umgang mit den über das Meer kommenden Menschen zu vermeiden. Diese Praktiken schließen u. a. die Übertragung der Rettung an die libyschen Behörden ein, ohne dass es Absicherungen in Bezug auf die Menschenrechte gibt. Während die Mitgliedstaaten des Europarates damit die Ereignisse auf Abstand halten, geschieht nichts, um diese Menschen vor Folter oder unmenschlicher oder erniedrigender Strafe zu schützen. Selbst wenn die Mitgliedstaaten argumentieren, dies erfülle die Bestimmungen der Konvention, was noch zu entscheiden wäre, glaube ich, dass dieser Ansatz dem Geist der Konvention immens schadet ... Jahre und manchmal Jahrzehnte einer unzureichenden Umsetzung und fehlender Investitionen in die Aufnahme- und Asylsysteme haben ein gut handhabbares Problem in ein politisches Chaos verwandelt. In vielen europäischen Staaten steigt die gegen Migranten gerichtete Rhetorik, u. a. in Regionen, in denen sich nur wenige oder gar keine Migranten niederlassen. Der Gerichtshof hat unmissverständlich klargestellt, dass Staaten das Recht auf die Kontrolle ihrer Grenzen haben, aber diese Kontrolle muss im Einklang mit den Verpflichtungen laut Konvention erfolgen. Politiker äußern sich jedoch immer häufiger dahingehend, die Menschenrechte seien kein wesentliches Element der Grenzkontrolle, sondern ein Hindernis für diese. Und dass Menschenrechte geopfert werden müssten, um nationale oder europäische Grenzen zu schützen. Dieses Narrativ hat eine gewichtige europäische Dimension. Es geschieht nicht selten, dass Regierungsvertreter eines Mitgliedstaates implizit über rechtswidrige Praktiken, wie z. B. Zurückweisungen, eines anderes Staates hinwegsehen. Oder diese Staaten sogar für diese loben ...« (Mijatovic, 2020).

Diese Stellungsnahmen des offiziell zur Anmahnung der Menschenrechte beauftragten Politikers der UN und der Politikerin des Europarates fassen prägnant nicht nur einzelne Verstöße der Europäischen Union gegen die Menschenrechte und das Völkerrecht – die unzählig dokumentiert sind – zusammen. Sie entlarven auch die Logik der EU-Asyl- und Flüchtlingspolitik, die zunehmend ungeniert und systematisch das Völkerrecht und die Menschenrechte missachtet. Wenn diese Logik nicht durchbrochen wird, verraten wir unsere Verantwortung gegenüber den historischen Verbrechen im 20. Jahrhundert. Und wir zerstören Frieden, Freiheit, Wohlstand und die normativen Grundlagen unseres demokratischen politischen Zusammenlebens!

4 Die Werte der Demokratie, der Menschenrechte und des Völkerrechts

Ich dokumentiere die normativen Grundlagen im Folgenden knapp, um klar in Erinnerung zu rufen, wozu sich die Europäische Union und ihre Mitglieder – auch Deutschland – unmissverständlich verpflichtet haben!

Der Art. 1 des deutschen Grundgesetzes beginnt mit den Worten:

»(1) Die Würde des Menschen ist unantastbar. Sie zu achten und zu schützen ist Verpflichtung aller staatlichen Gewalt.

(2) Das Deutsche Volk bekennt sich darum zu unverletzlichen und unveräußerlichen Menschenrechten als Grundlage jeder menschlichen Gemeinschaft, des Friedens und der Gerechtigkeit in der Welt.«

Diese beiden Sätze binden die deutsche Bundesregierung an die Menschenrechte. Ähnliche Bindungen an die Menschenrechte und an die Würde des Menschen finden sich auch in den anderen europäischen Verfassungen und im Lissabon-Vertrag als Grundlage der Europäischen Union, wo es im Artikel 1a heißt:

»Die Werte, auf die sich die Union gründet, sind die Achtung der Menschenwürde, Freiheit, Demokratie, Gleichheit, Rechtsstaatlichkeit und die Wahrung der Menschenrechte einschließlich der Rechte der Personen, die Minderheiten angehören. Diese Werte sind allen Mitgliedstaaten in einer Gesellschaft gemeinsam, die sich durch Pluralismus, Nichtdiskriminierung, Toleranz, Gerechtigkeit, Solidarität und die Gleichheit von Frauen und Männern auszeichnet.«

Natürlich folgt aus diesen grundlegenden Formulierungen noch kein justiziables Recht. Aber sie verbieten doch, bei der Asyl- und Flüchtlingspolitik einfach von den Menschenrechten abzusehen, so als beträfen sie nur innerstaatliche Politik und als könnten die Europäische Union oder die Einzelstaaten ihre Asyl- und Flüchtlingspolitik davon abschotten. Hier nun die Kernformulierungen unserer menschenrechtlichen Verpflichtungen:

Die Allgemeine Erklärung der Menschenrechte der Vereinten Nationen von 1948

Da die Allgemeine Erklärung der Menschenreche der Vereinten Nationen zwar einerseits in aller Munde ist, ihre Wirkung zur Beachtung der Menschenrechte in der Flüchtlingspolitik aber sehr zu wünschen übrig lässt, mag es hilfreich sein, sich den Geist und die Motivation der Initiatoren nach dem Zweiten Weltkrieg und den Wortlaut in Bezug auf die Flüchtlings- und Asylpolitik noch einmal genau in Erinnerung zu rufen. Sie kommen in der Präambel, im 1. und im 14. Artikel zum Ausdruck:

»Da die Anerkennung der angeborenen Würde und der gleichen

und unveräußerlichen Rechte aller Mitglieder der Gemeinschaft der Menschen die Grundlage von Freiheit, Gerechtigkeit und Frieden in der Welt bildet, da die Nichtanerkennung und Verachtung der Menschenrechte zu Akten der Barbarei geführt haben, die das Gewissen der Menschheit mit Empörung erfüllen, und da verkündet worden ist, dass einer Welt, in der die Menschen Rede- und Glaubensfreiheit und Freiheit von Furcht und Not genießen, das höchste Streben des Menschen gilt, da es notwendig ist, die Menschenrechte durch die Herrschaft des Rechtes zu schützen, damit der Mensch nicht gezwungen wird, als letztes Mittel zum Aufstand gegen Tyrannei und Unterdrückung zu greifen, da es notwendig ist, die Entwicklung freundschaftlicher Beziehungen zwischen den Nationen zu fördern, da die Völker der Vereinten Nationen in der Charta ihren Glauben an die grundlegenden Menschenrechte, an die Würde und den Wert der menschlichen Person und an die Gleichberechtigung von Mann und Frau erneut bekräftigt und beschlossen haben, den sozialen Fortschritt und bessere Lebensbedingungen in größerer Freiheit zu fördern, da die Mitgliedstaaten sich verpflichtet haben, in Zusammenarbeit mit den Vereinten Nationen auf die allgemeine Achtung und Einhaltung der Menschenrechte und Grundfreiheiten hinzuwirken, da ein gemeinsames Verständnis dieser Rechte und Freiheiten von größter Wichtigkeit für die volle Erfüllung dieser Verpflichtung ist, verkündet die Generalversammlung diese Allgemeine Erklärung der Menschenrechte als das von allen Völkern und Nationen zu erreichende gemeinsame Ideal, damit jeder einzelne und alle Organe der Gesellschaft sich diese Erklärung stets gegenwärtig halten und sich bemühen, durch Unterricht und Erziehung die Achtung vor diesen Rechten und Freiheiten zu fördern und durch fortschreitende nationale und internationale Maßnahmen ihre allgemeine und tatsächliche Anerkennung und Einhaltung durch die Bevölkerung der Mitgliedstaaten selbst wie auch durch die Bevölkerung der ihrer Hoheitsgewalt unterstehenden Gebiete zu gewährleisten.« (Allgemeine Erklärung der Menschenrechte)

Und im 1. Artikel heißt es:»Alle Menschen sind frei und gleich an Würde und Rechten geboren. Sie sind mit Vernunft und Gewissen begabt und sollen einander im Geiste der Brüderlichkeit begegnen.«

Zur Asyl- und Flüchtlingspolitik heißt es im einschlägigen Artikel 14 der Allgemeinen Erklärung der Menschenrechte:

»1. Jeder hat das Recht, in anderen Ländern vor Verfolgung Asyl zu suchen und zu genießen. 2. Dieses Recht kann nicht in Anspruch genommen werden im Falle einer Strafverfolgung, die tatsächlich auf Grund von Verbrechen nichtpolitischer Art oder auf Grund von Handlungen erfolgt, die gegen die Ziele und Grundsätze der Vereinten Nationen verstoßen.« (Artikel 14)

Diese Erklärung ist völkerrechtlich nicht verbindlich. Allerdings binden sich Staaten doch öffentlich an sie, wenn sie sich in ihren Verfassungen ausdrücklich darauf berufen.

Genfer Flüchtlingskonvention 1951
und das erweiterte Protokoll von 1967

Völkerrechtliche Grundlage des Asyl- und Flüchtlingsrechts und damit Vorgabe für das politische Handeln der EU ist die Genfer Flüchtlingskonvention (Originalname:»Abkommen über die Rechtsstellung der Flüchtlinge«). Sie ist als Reaktion auf die zahlreichen Fluchtbewegungen des 20. Jahrhunderts entstanden. Insbesondere die Erfahrung der nationalsozialistischen Verfolgungs- und Vernichtungspolitik und die daraus resultierenden Fluchtbewegungen rückten den Schutz vor politischer und staatlicher Verfolgung in den Mittelpunkt. Die Genfer Flüchtlingskonvention galt anfangs nur für Schutzsuchende aus Europa. Demnach ist ein Flüchtling im Sinne der Konvention eine Person,»die infolge von Ereignissen, die vor dem 1. Januar 1951 eingetreten sind, und aus der begründeten Furcht vor Verfolgung wegen ihrer Rasse, Religion, Nationalität, Zugehörigkeit zu einer bestimmten sozialen Gruppe oder wegen ihrer politischen Überzeugung sich außerhalb des Landes befindet, dessen Staatsangehörigkeit sie besitzt, und den Schutz dieses Landes nicht in Anspruch nehmen kann oder wegen dieser Befürchtungen nicht in Anspruch nehmen will ...« (Art. 1, 2). Diese enge zeitliche und geographische Limitierung wurde mit dem Zusatzprotokoll von 1967 aufgehoben und der Schutzbegriff somit noch einmal maßgeblich erweitert, um der neuen Situation der Flüchtlinge gerecht zu werden. 169 Staaten sind bisher der Konvention und / oder dem Protokoll beigetreten. Die Erweiterung ist auch für heute interessant, weil wir erneut z. B. mit der Klimakrise neue Fluchtgründe zu bedenken haben und die Erweiterung von 1967 zeigt, dass eine nochmalige Erweiterung möglich und vielleicht erforderlich ist.

Der Kern der Genfer Flüchtlingskonvention und des Zusatzprotokolls ist das sogenannte Gebot der Nicht-Zurückweisung (non-refoulement) in Artikel 33. Es verbietet die Aus- oder Rückweisung von Flüchtlingen in Gebiete, in denen das Leben oder die Freiheit aufgrund ihrer »Rasse, Religion, Staatsangehörigkeit, oder Zugehörigkeit zu einer bestimmten sozialen Gruppe oder wegen ihrer politischen Überzeugung« bedroht sein würde. Auf das Gebot der Nicht-Zurückweisung kann sich eine Person nicht berufen, wenn die Annahme gerechtfertigt ist, »dass sie ein Verbrechen gegen den Frieden, ein Kriegsverbrechen oder ein Verbrechen gegen die Menschlichkeit im Sinne der internationalen Vertragswerke begangen haben [...] dass sie ein schweres nichtpolitisches Verbrechen außerhalb des Aufnahmelandes begangen haben, bevor sie dort als Flüchtling aufgenommen wurden; dass sie sich Handlungen zuschulden kommen ließen, die den Zielen und Grundsätzen der Vereinten Nationen zuwiderlaufen.« Andere internationale Menschenrechtskonventionen, wie z. B. die UN-Antifolterkonvention, enthalten ebenfalls das Gebot der Nicht-Zurückweisung. Das Nicht-Zurückweisungsgebot gilt somit inzwischen als Völkergewohnheitsrecht. Aus diesem Gebot folgt also der Schutz, dieser kann jedoch unterschiedlich ausgestaltet sein. In der Europäischen Union kann man durch die individuelle politische Verfolgung als Flüchtling anerkannt werden oder als Bürgerkriegsflüchtling subsidiären Schutz oder temporären Schutz erhalten.

Gegenstand der folgenden Überlegungen ist aber nicht eine differenzierte rechtliche Einschätzung der Asyl- und Flüchtlingspolitik, sondern eine politische Antwort auf Flucht- und Migrationsbewegungen, die voneinander zu unterscheiden sind, aber in denen die Flüchtenden auch vor sich überlappenden bzw. ähnlichen Notsituationen fliehen. Politik darf zwar nicht widerrechtlich handeln, aber wenn ein politischer Wille den aktuellen menschenrechtswidrigen Zustand überwinden will, steht das nicht nur im Einklang mit dem Geist der Menschenrechte, sondern ist auch, das lehrt die politische Erfahrung, juristisch umsetzbar.

Dass die aktuelle Praxis der EU-Asyl- und Flüchtlingspolitik den menschen- und völkerrechtlichen Verpflichtungen – ganz prägnant z. B. in der Verletzung des Gebots der Nicht-Zurückweisung – widerspricht, ist offensichtlich. Eine große Zahl von Asylsuchenden leben gegenwärtig infolge europäischer Entscheidungen auf dem Boden der EU oder an ihren äußeren Grenzen unter Bedingungen, die der Menschenwürde und den Rechten widersprechen, die im Einzelnen in der Genfer Flüchtlingskonvention festgelegt sind.

Europäische Menschenrechtskonvention,
EU-Grundrechte-Charta 2000
Spezifisch verbindlich für die Europäische Union in ihrer Asyl- und Flüchtlingspolitik sind noch die für ihren Handlungsbereich völkerrechtlich verbindliche Europäische Menschenrechtskonven-

tion (»Konvention zum Schutz der Menschenrechte und Grund-freiheiten«) und die EU-Grundrechte-Charta.

Die EU-Menschenrechtskonvention, die sich durch zusätzliche Protokolle fortlaufend weiterentwickelt, wurde 1950 vom Europarat verabschiedet und ist 1953 in Kraft getreten. Die EU ist ihr noch nicht durch einen Vertrag beigetreten, wozu sie durch Art. 6 des Unionsvertrages allerdings verpflichtet ist. Aber alle ihre Mitgliedstaaten haben sie ratifiziert, womit sie auch die Europäische Union verpflichtet. Deshalb sind auch die Urteile des Europäischen Gerichtshofes für Menschenrechte, der über ihre Einhaltung wacht und von allen Bürger*innen angerufen werden kann, für die EU verbindlich. Freilich verfügt er nicht über strafbewährte Sanktionen gegen Verstöße. Im Urteil gegen die Rückführung von Flüchtlingen nach Libyen hat die EU, wie oben beschrieben, zwar wegen des öffentlichen Drucks reagiert, aber zugleich versucht, funktionale Alterativen zu ihrem menschenrechtswidrigen Verhalten einzuführen, mit denen sie »durchzukommen« hofft. Dem Geist der Europäischen Menschenrechtskonvention zuwiderzuhandeln zeigt sich damit als eine für sie praktikable Politik.

Die Artikel der Menschenrechtskonvention enthalten implizit Hinweise zu Flucht, Asyl und Migration.[2] Deshalb kann sie in dieser Hinsicht ebenfalls als normative und werteorientierte Bezugsbasis gelten.

Die EU-Grundrechte-Charta 2000 wurde zwar schon, wie der Name zeigt, im Jahre 2000 verabschiedet, aber erst neun Jahre spä-

---

2 »Unter der EMRK ist anerkannt, dass das Verbot von unmenschlicher und erniedrigender Behandlung nach Art. 3 die Zurückweisung in ebensolche Zustände umfasst.« (aus Schmalz, Dana, 2019: Zur Reichweite von Menschenrechtspflichten). Mit Verweis auf Artikel 3 EMRK wurde 2009 auch im Hirsi-Fall die Rechtswidrigkeit der Rückführung festgestellt. Aus Artikel 2 (Recht auf Leben) wird zudem versucht, positive Schutzpflichten abzuleiten. Artikel 4 des 4. Zusatzprotokolls zur EMRK beinhaltet darüber hinaus explizit das Verbot der Kollektivausweisung.

ter, im Dezember 2009 verbindlich. Ursprünglich sollte sie ein Teil der Europäischen Verfassung und damit für alle europäischen Bürger*innen sichtbar werden. Als die Verfassung der EU in den Referenden in Frankreich und den Niederlanden scheiterte, reduzierte sich ihre öffentliche Sichtbarkeit leider merklich. Verbindlich wurde sie durch ihre Nennung im Lissabon-Vertrag im Dezember 2009.

Ihre Präambel fasst prägnant ihre Funktion und ihre Quellen zusammen:

»Diese Charta bekräftigt unter Achtung der Zuständigkeiten und Aufgaben der Union und des Subsidiaritätsprinzips die Rechte, die sich vor allem aus den gemeinsamen Verfassungstraditionen und den gemeinsamen internationalen Verpflichtungen der Mitgliedstaaten, aus der Europäischen Konvention zum Schutz der Menschenrechte und Grundfreiheiten, aus den von der Union und dem Europarat beschlossenen Sozialchartas sowie aus der Rechtsprechung des Gerichtshofs der Europäischen Union und des Europäischen Gerichtshofs für Menschenrechte ergeben.« (Präambel)

Auf die Flüchtlings- und Asylpolitik beziehen sich die Artikel 18 und 19:

Artikel 18: »Das Recht auf Asyl wird nach Maßgabe des Genfer Abkommens vom 28. Juli 1951 und des Protokolls vom 31. Januar 1967 über die Rechtsstellung der Flüchtlinge sowie gemäß dem Vertrag zur Gründung der Europäischen Gemeinschaft gewährleistet.«

Artikel 19: »Schutz bei Abschiebung, Ausweisung und Auslieferung (1) Kollektivausweisungen sind nicht zulässig. (2) Niemand darf in einen Staat abgeschoben oder ausgewiesen oder an einen Staat ausgeliefert werden, in dem für sie oder ihn das ernsthafte Risiko der Todesstrafe, der Folter oder einer anderen unmenschlichen oder erniedrigenden Strafe oder Behandlung besteht.«

Mit der Grundrechte-Charta bekräftigt die EU also ihre Bindung an die Genfer Flüchtlingskonvention. Wird die Konkretisierung im Asylrecht der Europäischen Union dem gerecht?

Asylrecht in der Europäischen Union

Die Schaffung gemeinsamer europäischer Asylverfahren ist seit circa zwanzig Jahren erklärtes Ziel der Europäischen Union. Der positive Höhepunkt der Versuche der EU, eine humane Flüchtlings- und Asylpolitik zu organisieren, fand 1999 im finnischen Tampere statt. Hier wurde beschlossen, in Respekt vor dem Recht auf Asyl ein »Gemeinsames Europäisches Asylsystem« zu errichten, das sich genau an die Genfer Flüchtlingskonvention hält und insbesondere das völkerrechtliche Gebot der Nicht-Zurückweisung aus einem europäischen Land zurück in eine Situation beinhaltet, in der Gefahr für das Leben der Person droht. Im Vertrag über die Arbeitsweise der Europäischen Union, also dem zentralen Vertrag der EU, ist deshalb in Artikel 78 festgehalten, dass jedem Drittstaatsangehörigen, der internationalen Schutz benötigt, ein angemessener Status angeboten und die Einhaltung des Grundsatzes der Nicht-Zurückweisung gewährleistet werden soll.[3]

Trotzdem ist es nicht gelungen, ein wirklich gemeinsames europäisches Asylverfahren, das den rechtlichen Standards standhält, in der Praxis herzustellen. Vor allem zwei Defizite sind dabei hervorzuheben: Es gibt erhebliche Mängel erstens im Zugang zum Asylverfahren und zweitens in der Verantwortungsteilung zwischen den Mitgliedstaaten für ankommende Asylsuchende (die

---

3 Zudem spezifiziert der Vertrag unter dem gleichen Artikel 78 in 3, dass im Fall einer Notlage von einem oder mehreren Mitgliedstaaten aufgrund eines plötzlichen Zustroms von Drittstaatsangehörigen, der Rat auf Vorschlag der Kommission vorläufige Maßnahmen zugunsten der betreffenden Mitgliedstaaten erlassen kann, nachdem das Europäische Parlament angehört wurde. Daraus resultierte der Versuch, eine obligatorische Verteilungsquote einzuführen, die aber bekanntlich gescheitert ist, wie wir weiter oben schon ausgeführt haben.

schon oben beschriebene fehlende »Verteilung«). Beide Problematiken hängen eng miteinander zusammen, da die Binnenmitgliedstaaten über die Dublin-III-Verordnung versucht haben, die Zuständigkeit für die Asylverfahren in die primäre Verantwortlichkeit der EU-Außengrenzstaaten zu geben, ohne dabei ein verbindliches Verfahren für eine Verantwortungsteilung für die ankommenden Asylsuchenden festzulegen. Zudem sind nur die Aspekte der Zuständigkeit für die Asylverfahren und die Registrierung der Asylsuchenden in Verordnungen festgelegt (also unmittelbar gültig), während die wichtigen Aspekte der Aufnahme, der Verfahrensschritte und der Frage, wer als schutzberechtigt gilt, nur in Richtlinien festgelegt sind, die erst in nationales Recht umgesetzt werden müssen, um Geltung zu erlangen, und für deren Umsetzung die Mitgliedsstaaten zuständig sind.

Den Kern des EU-Asylrechts bilden also zwei Verordnungen und mehrere dazugehörige Richtlinien. Bei den beiden Verordnungen handelt es sich zum einen um die schon oben vorgestellte Dublin-III-Verordnung, welche die Zuständigkeit der Mitgliedstaaten für die Asylverfahren regelt, und die EURODAC-Verordnung, welche die Registrierung der Asylsuchenden regelt. Das Dublin-Übereinkommen von 1990 wurde 2003 durch die Dublin-II-Verordnung ersetzt, und seit 2014 gilt für alle Mitglieder der EU die Dublin-III-Verordnung. Sie ist ein wesentlicher Teil des angestrebten »Gemeinsamen Europäischen Asylsystems« (GEAS) und legt fest, dass der Staat für die Prüfung des Asylverfahrens zuständig ist, in dem Asylsuchende zuerst den Boden der EU betreten haben. Damit soll einerseits gesichert werden, dass zumindest ein Staat sich für die Verfahren zuständig erklärt, andererseits soll aber auch vermieden werden, dass Asylsuchende in mehreren Ländern gleichzeitig Schutz beantragen.

Die klare Regelung der Zuständigkeit der Mitgliedstaaten sollte also auch den Zugang und die Verantwortung für die Verfahren si-

44

chern, war aber von Anfang an defizitär angelegt durch den fehlenden Ausgleich zwischen Ersteinreisestaaten an den Außengrenzen und Mitgliedstaaten ohne Außengrenze. Ausnahmen von dieser Ersteinreisestaat-Zuständigkeitsregel werden gemacht, wenn Asylsuchende Familie oder enge Verwandte in einem anderen Land haben, in das sie dann im Rahmen der Familienzusammenführung umziehen können. Zudem ist es für andere EU-Mitgliedstaaten jederzeit möglich, durch das sogenannte Selbsteintrittsrecht in Artikel 17 der Dublin-III-Verordnung freiwillig die Zuständigkeit für das Asylverfahren zu übernehmen. Das kann entweder auf Ersuchen eines anderen Mitgliedstaats hin aus humanitären Gründen nach Absatz 2 geschehen, oder auch nach Absatz 1, ohne dass die Aufnahme an bestimmte Voraussetzungen geknüpft sein muss.[4]

Grundsätzlich gilt jedoch die primäre Zuständigkeit des Ersteinreisestaats, in dem Asylsuchende verbleiben müssen, während ihr Asylverfahren durchgeführt wird. Reisen sie selbständig in ein anderes EU-Mitgliedsland weiter, muss das Zielland innerhalb einer sehr kurzen Frist (innerhalb von sechs Monaten) die Asylsuchenden in den Ersteinreisestaat abschieben, sonst geht die Zuständigkeit für das Asylverfahren auf das Zielland über.[5] Diese sogenannte Sekundärmigration ist vor allem den Binnenstaaten ein Dorn im Auge, da sie einen erheblichen Aufwand betreiben müssen, um die Zuständigkeit schnell zu klären und die Asylsuchenden gegebenenfalls schnell in den Ersteinreisestaat rückzuführen. Durch

---

4 In einem Rechtsgutachten der Friedrich-Ebert-Stiftung zur Frage der direkten EU-Finanzierung für Gemeinden, die freiwillig Geflüchtete aufnehmen wollen, kommt Dr. Sina Fontana zum Schluss, dass es sich bei Art. 17(1) Dublin III-VO um »*eine Ermessenvorschrift [handelt], die sich zu einer Verpflichtung zur Aufnahme verdichten kann*« (2021, S. 5).

5 Vgl. Art. 13 der Verordnung (EU) 604 / 2013 (Dublin III VO). Hält sich eine Person ununterbrochen für mind. 5 Monate in einem Mitgliedstaat auf, so geht die Verfahrenszuständigkeit auf diesen Mitgliedstaat über.

die EURODAC-Verordnung soll die eigenständige Weiterreise von Asylsuchenden in einen anderen EU-Mitgliedstaat unterbunden werden, indem jeder Asylsuchende bei der Ankunft im Ersteinreisestaat registriert wird. Mit Hilfe eines Fingerabdrucksystems soll die EURODAC-Verordnung somit die Umsetzung der Dublin Verordnung, also die Zuständigkeit der Mitgliedstaaten für die Asylverfahren, gewährleisten.

Die Asylverfahren selbst werden jedoch weiterhin durch die Mitgliedstaaten durchgeführt. Dabei sollen drei Richtlinien gemeinsame Standards innerhalb der Europäischen Union garantieren. Die Qualifikationsrichtlinie regelt, wer als schutzberechtigt gilt. Die Aufnahmerichtlinie behandelt, wie die Aufnahme und Behandlung von Asylsuchenden gestaltet werden muss. Und die Asylverfahrensrichtlinie regelt die Grundlagen des Asylverfahrens. Trotz dieser gemeinsamen Richtlinien gibt es erhebliche Unterschiede in den Asylverfahren der jeweiligen Mitgliedstaaten. Das gilt nicht nur für die in der Qualifikationsrichtlinie geregelte Frage, wer als schutzberechtigt gilt, sondern auch für den Zugang zu Verfahren, Verfahrensgarantien sowie die Unterbringung und Versorgung (vgl. Bast, von Harbou & Wessels, 2020). So weit die rechtlichen Regelungen.

Dass diejenigen, die es nach Europa geschafft haben, hier keineswegs eine Behandlung und Aufnahme finden, wie sie eigentlich im Gemeinsamen Europäischen Asylsystem vorgesehen ist, zeigt auch ein im Auftrag des Europäischen Parlaments im Jahre 2020 angefertigter Bericht über die Realisierung der Dublin-III-Verordnung (Scherrer, 2020). Dieser führt detailliert auf, wie oft die Praxis hinter den geforderten Regelungen zu Lasten der Asylsuchenden zurückbleibt (Zugang zu Rechtsbeistand, zu Informationen, Kriminalisierung von NGOs, die diese Lücke füllen wollen). Er zeigt überdies, dass die Hotspots in Griechenland und in Italien keineswegs den Zielen der Europäischen Kommission entsprechen, mit denen sie errichtet worden sind. Er unterstreicht, wie unzureichend die Dokumentation über die Verfahren ist, wie irrational und kostspielig die diversen Rückführungen von Geflüchteten in ihre Ersteinreiseländerländer erfolgen und mit welcher hohen Unsicherheit und hohen Kosten für die Asylsuchenden die sogenannte Sekundärwanderung in Europa abläuft.

Warum versagt die EU so dramatisch und beschämend in der Asyl- und Flüchtlingspolitik? Was verbindet ihre Mitglieder untereinander für eine gemeinsame Politik, über die nationalen Grenzen hinweg?

5 Der Vorrang der Nationalstaaten und ihrer machttaktischen Interessen

Die Europäische Union ist von den europäischen Nationalstaaten gegründet worden. Ihr oberstes Entscheidungsorgan mit dem ausschlaggebenden politischen Gewicht in Sachen Flüchtlingspolitik ist der Europäische Rat, in dem sich die nationalen Regierungschef*innen versammeln. Im Weiteren gehören dazu auch die Ministerräte, in denen die Ressort-Minister*innen der nationalen Regierungen, auch die für die Flüchtlingspolitik zuständigen Innenminister*innen, miteinander verhandeln.

Die nationalen Regierungen beziehen ihre Macht aus nationalen Wahlen. In Wahlkämpfen thematisieren sie Fragen, bei denen sie sich von den nationalen Wähler*innen Unterstützung versprechen. Umgekehrt zögern Kandidat*innen und die Parteien, die sie aufstellen, in der Regel, Fragen aufzuwerfen, die – und sei es auch nur kurzfristig – auf Gegenwind stoßen können. Klassisch ist für diese Vermeidungsstrategie das Ziel, neue Steuern zu erheben. Die Parteien vermeiden das Thema, denn sie erwarten dazu immer eine Abstrafung durch die Wähler*innen.

Das gilt erst recht für eine europäische Flüchtlingspolitik. Die politische Forderung nach einer solidarischen Aufnahme von Flüchtlingen entsprechend den menschenrechtlichen und legalen Vorgaben, zu denen sich die nationalen Regierungen und die Europäische Union verpflichtet haben und die weiter oben dokumentiert sind, fürchten sie, weil sie glauben, damit zu viele Wähler*innenstimmen zu verlieren – zumal in fast allen europäischen Ländern (Portugal z. B. ist eine Ausnahme) rechtsradikale Parteien das politische Klima gegen Flüchtlinge verhetzen.

Das Problem reicht im Übrigen über die Flüchtlingsfrage hinaus: Die beschriebenen machtopportunistischen Überlegungen und Motive verhindern oder erschweren die Solidarität unter den europäischen Staaten. Deshalb bleiben so viele Probleme ungelöst, und deshalb geht die EU neue Fragen nur sehr langsam an. Dass es nach der Pandemie mit dem Wiederaufbau-Fonds zum Beschluss einer fast sensationellen Innovation in der gemeinschaftlichen Finanzierung kommen konnte, war, wie gesagt, eine Ausnahme, für die ich die Gründe oben angeführt habe.

Das verweist andererseits darauf, dass selbst im Europäischen Rat starke Mitglieder wie Deutschland und überzeugte Politiker*innen eine andere Politik hätten machen können, die dann auch die gesamte Entwicklung der Flüchtlingspolitik positiv beeinflusst hätte. Der vermeintliche »Schrecken«, der in Sachen Flüchtlinge dem Jahr 2015 zugeordnet wird, weshalb eine humane Flüchtlingspolitik seitdem nicht mehr möglich gewesen sei, folgte aber nicht dem Offenhalten der Grenzen an sich, sondern einer anschließenden öffentlichen Skandalisierung, vor allem durch die Schwesterpartei der CDU, die CSU.

Damit wird deutlich: Es sind nicht in erster Linie das Institutionengefüge der EU, schon gar nicht die originär europäischen Institutionen wie das Europäische Parlament und die Europäische Kommission, die eine solidarische zukunftsorientierte Politik unterminieren, sondern vor allem die Politik der Nationalstaaten, die kurzsichtig auf Machterhalt auf der nationalen Ebene ausgerichtet ist. Das gilt auch für die deutsche Bundesregierung, die wegen ihrer erheblichen Macht ganz anders und strategisch hätte handeln können und deshalb eine besondere Verantwortung trägt. Nicht nur Europa hat versagt, sondern vor allem die Nationalstaaten in der EU, nicht zuletzt die deutsche Bundesregierung.

Aber natürlich ebenfalls sehr viele andere europäische Regierungen, auch jenseits der sogenannten Visegrád-Staaten Polen, Tschechien, Slowakei und Ungarn. Allerdings gab es auch keine wirklich energische initiativereiche Politik der Kommission, der es zudem an Phantasie fehlte und fehlt. Sie hätte z. B. in dieser Hinsicht den Europäischen »Ausschuss der Regionen« und die Kommunen mehr einbeziehen und unterstützen können. Aber sie wollte von vornherein vermeiden, in eine Spannung zu den nationalen Regierungen zu geraten.

Schließlich hängt es auch von der politischen Couleur der nationalen Regierungen ab, wie Europa handelt. Deutlich ist, je konservativer sie sind, desto weniger solidarisch sind sie gegenüber den Nachbarstaaten und desto abweisender gegen Asylsuchende. Freilich sind auch sozialdemokratische Parteien vor dieser populistischen Aversion nicht gefeit, wie die dänische sozialdemokratische Regierung zeigt.

Allein das Europäische Parlament hat immer wieder Anläufe gemacht, zu einer menschlicheren Asyl- und Flüchtlingspolitik vorzudringen. Aber auch hier sind die politischen Mehrheiten so, dass ein wirklicher Durchbruch nicht erzielt werden konnte. Und gegen den Europäischen Rat kann sich das Europäische Parlament nicht durchsetzen.

Dass sowohl der EU als auch der deutschen Bundesregierung der Widerspruch zwischen ihrer proklamierten Werteorientierung und der faktischen Politik durchaus bewusst ist, erkennt man an den Verschleierungsformeln, hinter denen sie ihre inhumane Abschottungs- und Abschreckungspolitik zu verstecken versuchen. So begründen sie das Ziel, die Außengrenzen immer dichter zu schließen und zu überwachen und möglichst keine Lücke zu lassen, durch die Flüchtlinge ihren Fuß auf europäischen Boden setzen könnten, damit, dass sie »den Schleppern das Handwerk legen« und die Flüchtlinge »vor der gefährlichen Route über das Mittelmeer bewahren« wollen. Das klingt sehr besorgt um die Flüchtlinge. Wirksamer könnten sie sie schützen, wenn sie z. B. über eine Steigerung der Resettlement-Rate mehr legale Fluchtwege nach Europa eröffnen und überhaupt eine kohärente und durchdachte Asyl, Flüchtlings- und – was dazu gehören würde – Arbeitserlaubnis- und Einwanderungspolitik mit einbettender Entwicklungszusammenarbeit konzipieren und umsetzen würden. Ohne diesen breiten Zusammenhang ist eine menschliche Flüchtlingspolitik nicht möglich. Ich komme darauf zurück.

Was treibt uns, zusätzlich zur moralischen Betroffenheit, vor der Gefahr dieses Widerspruchs eindringlich zu warnen und für die Alternative einer menschlichen Europäischen Flüchtlingspolitik zu werben?

Gefährliche Folgen des moralischen Selbstwiderspruchs

In einem Satz lautet die Antwort: Mit dem moralischen Selbstwiderspruch schaden wir Europäer uns selbst. Wir zerstören unseren Zusammenhalt ebenso wie die Grundlage unserer Demokratien. Zudem vergeben wir die Chancen für eine reiche, konstruktive und sinnvolle gemeinsame Zukunft, in Europa und im globalen Nord-Süd-Verhältnis.

Denn die kulturelle Grundlage des demokratischen freiheitlichen Zusammenlebens von Menschen ist das Vertrauen sowohl in ihre Mitmenschen als auch in die Verlässlichkeit demokratischer Institutionen, politischer Verfahren und Versprechen. Sie müssen sich mit Transparenz und Kontrolle der Institutionen und Verfahren verbinden, durch die sie aufrechterhalten werden. Vertrauen zwischen Menschen und in demokratische Institutionen gibt es nie zu hundert Prozent, aber wenn es in unseren Gesellschaften ganz schwindet, ist der soziale Frieden zerstört. Die Bürger*innen setzen dann auf Gewalt, um sich zu behaupten. Und sie folgen nur noch ihren partikularen Interessen, weil sie an die Wirksamkeit von Gerechtigkeit nicht mehr glauben. Die Scharfsichtigen flüchten sich angesichts des moralischen Selbstwiderspruchs in Zynismus. Werte, die sie nicht erfüllen können, geben sie der Verachtung preis, bzw. sie zitieren sie nur noch spöttisch. »Dass man in der Europäischen Kommission intensiv über Werte nachdächte«, so einmal die Worte eines langjährigen Mitarbeiters, »ist mir nicht in Erinnerung«.

Demokratische Gesellschaften nehmen in der Regel hin, dass man Versprechen und Aussagen von Politiker*innen über das eigene Verhalten nur mit Abstrichen trauen kann. In der europäischen Flüchtlingspolitik gilt der moralische Selbstwiderspruch jedoch schon im Ansatz und geradezu flächendeckend. Niemand kann das übersehen oder bestreiten. Wenn er thematisiert wird, lautet die Antwort von denen, die die aktuelle europäische Flüchtlingspolitik verteidigen, auch in der Regel nicht: Wir handeln im Einklang mit unseren Werten, sondern: Wenn wir unseren Werten folgten, würden die Flüchtlinge zu Millionen nach Europa kommen. Das würden wir nicht aushalten. Deshalb ist der Selbstwiderspruch angeblich unvermeidlich. Auf diese Behauptung, die unter dem Stichwort »Pull-Effekt« abgehandelt wird, werde ich später eingehen.

Deutlich wird hier aber, dass die rhetorisch immer wieder proklamierten Werte nicht nur ohne Folgen bleiben. Sie erscheinen überdies gefährlich für das gewünschte eigene Leben. Mehr Widerspruch geht wirklich nicht! Zur Frage steht, warum dieser krasse moralische Selbstwiderspruch so gefährlich ist, warum er der Demokratie und Europa den Boden entzieht. Wäre er wirklich unvermeidlich, dann hätte die Europäische Union keine Chance. Ich möchte allerdings gerade zeigen, dass wir ihn vermeiden können. Eine menschliche Flüchtlingspolitik ist möglich!

Man könnte annehmen, dass es möglich ist, innerhalb der EU und Deutschlands Menschenrechte zu beachten und sie nur nach außen gegenüber Flüchtlingen und unseren Nachbar*innen, z. B. in Afrika, zu missachten. Diese These steckt implizit in der oft gehörten Behauptung, dass wir die Grenzen nach außen schließen müssen, um die innereuropäischen Grenzen entsprechend dem Schengen-Abkommen offenhalten zu können. Die moralischen Kosten der radikalen Außenschließung, die ohne den Widerspruch gegen unsere Werte nicht zu haben ist, hätte demnach auf unsere Binnenbeziehung keinen oder sogar einen positiven Einfluss. Das könnte gelten, wenn wir ein für alle Mal aufhörten, uns auf unsere Werte zu berufen, die angeblich unser Handeln bestimmen. Aber dann verlieren sie ihre Geltung eben auch im europäischen Binnenverhältnis.

Also bestreiten wir unsere Werte nicht, weil wir sonst der Europäischen Union ihre Legitimationsgrundlage entziehen würden. Das wagen selbst die abgebrühtesten Zyniker*innen nicht. Vielmehr setzen wir unsere Doppelzüngigkeit fort und bleiben unaufrichtig. Warum aber sollten unsere Mitbürger*innen, warum sollten erst recht politische Kontrahent*innen in der EU oder in Deutschland glauben, dass Regierungen innerhalb Europas vertrauenswürdig handeln und ihre Versprechen halten, wenn sie das gegenüber den Partner*innen außerhalb Europas offensichtlich nicht tun?

Mit anderen Worten: Man kann Vertrauenswürdigkeit nicht taktisch aufteilen und jeweils wählen, wann man sie gewährt. Denn ich müsste mich sonst in einem Gespräch immer fragen, ob mein Gegenüber nicht just mir gegenüber zur Scheinheiligkeit überwechselt, ob er mich nicht belügt. Niemand kann wissen, wann gerade die Stunde der Unehrlichkeit geschlagen hat. Daher müssen wir uns entscheiden: Entweder wir handeln vertrauenswürdig oder nicht.

Gemäß dieser Logik, die uns zur Entscheidung zwingt, können wir ja auch längst innerhalb unserer nationalen Demokratien wie innerhalb ganz Europas beobachten, dass das Vertrauen infolge der jahrelang praktizierten Scheinheiligkeit spürbar schwindet – zwischen den Bürger*innen wie zwischen den Nationalstaaten. Das hat zwar schon vor der Flüchtlingskrise begonnen und findet auch außerhalb Europas statt. Aber in der EU wächst die Vertrauenskrise in dem Maße, wie die Solidarität zwischen den Regierungen abgenommen hat. Dieser Vertrauensverlust ist inzwischen kräftig gewachsen.

Trotzdem besteht die EU bisher weiter. Die solidarische Entscheidung für den Wiederaufbaufonds hat sogar neues Vertrauen geschaffen und stabilisiert sie. Können wir also einfach im Selbstwiderspruch fortfahren? Nein, denn das Misstrauen bleibt auf hohem Niveau und nagt weiter.

Das erkennen wir, wenn wir uns fragen, warum der EU als Ganzer die Handlungsfähigkeit in den letzten Jahren immer mehr abhandengekommen ist, nicht nur in der Flüchtlingsfrage, sondern noch sichtbarer in der internationalen bzw. globalen Wirtschafts- und Handelspolitik. Der moralische Selbstwiderspruch hindert Europa daran, sich als globaler Akteur auf grundlegende Ziele und Verfahren zu einigen, um überzeugend und wirksam seinen Einfluss geltend machen zu können. Wo ist unsere gemeinsame Haltung gegenüber Russland? Oder gegenüber China? Schon jetzt nutzen beide Mächte, deren Regierungen unsere Demokratien und die Orientierung an Menschenrechten verachten und, vor allem China, aktiv als Systemkonkurrenten auftreten, das innereuropäische Misstrauen z. B. in Griechenland und auf dem Balkan, aber auch in Ungarn und in Bulgarien, um mit den enttäuschten Ländern neue Allianzen zu schmieden und die Europäische Union durch Stärkung des internen Misstrauens zu schwächen.

Wenn wir ihnen gegenüber auf demokratische Politik und Lebensweise pochen, diese aber in dem Augenblick, da sie uns konkret Solidarität abverlangen, im eigenen Handeln verraten – wie das mit Griechenland 2015 geschehen ist –, werden wir auch faktisch machtpolitisch unseren Einfluss und unsere Autorität in der Welt verlieren, mit der wir unsere Lebensweise schützen wollen. Manchen mag eine Eigenschaft wie Autorität ein zu weiches Instrument dünken, um ein freiheitliches und sozial sicheres Leben zu schützen. Was hilft das gegen eine hybride militärische Besetzung wie die russische in der Ostukraine? Freilich hängt die Anfälligkeit der Ostukraine für Separatismus in Richtung Russland auch davon ab, ob Kiew für die Menschen in der Ostukraine nicht nur wirtschaftlich, sondern auch kulturell attraktiv genug ist, sich gegen separatistische Versuchungen zu wehren.

Auch in Süd- und Südosteuropa hat die Autorität und Glaubwürdigkeit der Solidarität der EU, etwa bei der Lieferung von Corona-Impfstoff, in der letzten Zeit deutliche Lücken gezeigt. China wie Russland standen bereit, die Loyalität der südosteuropäischen Staaten gegenüber Brüssel durch Lieferung von Impfstoff zu sich hinüberzuziehen. Die Europäische Union ist nicht mehr selbstverständlich attraktiv für die europäischen Gesellschaften in Südosteuropa!

Glaubwürdigkeit ist in der heutigen Welt die nachhaltigste Macht, um eine lebenswerte Welt aufzubauen. Mit Militär kann man abschrecken, Angst einjagen oder zerstören und, wenn man Glück und gut kalkuliert hat, zivilen Aufbau gleichsam polizeilich schützen. Das wäre dann schon ein erster Schritt hin zu konstruktiver Macht, die in der Fähigkeit liegt, hier folgen wir Hannah Arendt, für gemeinsame Projekte, z. B. Frieden und Entwicklung

Mitstreiter zu motivieren und zu engagieren. Eine menschliche Flüchtlingspolitik liegt also – wenn man langfristig denkt – auch im eigenen Interesse der Europäer*innen. Nur wenn sie den Selbstwiderspruch überwinden, können sie gemeinsam handeln.

III Welche Alternativen zur aktuellen europäischen Flüchtlingspolitik sind möglich?

1 Zentrale politische Herausforderung: Regelung einer verlässlichen dezentralen Aufnahme von Flüchtlingen in Europa

Wenn die nationalen Regierungen, die bisher de facto die EU-Asyl- und Flüchtlingspolitik bestimmen, nicht in der Lage sind, sich über eine gemeinsame solidarische Politik zu einigen und wir nicht zulassen wollen, dass die Unmenschlichkeiten, die täglich geschehen, und der zerstörerische moralische Selbstwiderspruch weitergehen, müssen wir nach Alternativen suchen. Und die gibt es!

Die zentrale Herausforderung aus der Perspektive der ankommenden Menschen sind legale und sichere Wege, um Zugang zu Schutz in der Europäischen Union zu erlangen. Aus der Perspektive der Europäischen Union und ihrer Nationalstaaten ist die zentrale Herausforderung, die Verantwortung für die Durchführung der Asylverfahren sowie die Unterbringung und Versorgung der Flüchtlinge gerecht zu teilen, sich also auf einen verlässlichen »Verteilungs«-Mechanismus zu einigen.

Bereits dieser Ansatz ist nicht menschlich. Und er führt politisch strategisch in die Irre. Denn er suggeriert, dass es um die Verteilung einer Last geht, nicht um ein Verfahren, in dem alle Beteiligten sich über eine möglichst einvernehmliche und gerechte Vorgehensweise bemühen, die auch allen zugutekommen kann.

Ich spreche deswegen statt von »Verteilung« von »dezentraler

Aufnahme«. Sie verlässlich zu regeln ist notwendig. Gleichzeitig muss sichergestellt werden, dass der Zugang zum Asylverfahren nicht an das Vorhandensein eines Aufnahmeangebots geknüpft wird. Eine verlässliche dezentrale Aufnahme ist zum einen nötig, weil sonst überfüllte Erstaufnahmelager entstehen, die Gefängnissen gleichen mit unmenschlichen Lebensverhältnissen, wie es sie gegenwärtig gibt. Und zum zweiten, weil die Erstankunftsstaaten im Süden und Osten der EU (Bulgarien, Griechenland, Malta, Italien, Spanien) verständlicherweise die Sorge haben, sozial und infrastrukturell überfordert zu sein, wenn sie allein die Ankunft und Asylverfahren organisieren und finanzieren müssen und dann nicht wissen, wie es mit denen, die in Europa Schutz genießen, aber auch mit denen, die bisher keinen geregelten Schutzanspruch haben, weitergeht. Hier zeigt sich der seit der Vergemeinschaftung der Asyl- und Migrationspolitik herrschende Grundkonflikt zwischen EU-Außengrenzstaaten und denen ohne eine solche Außengrenze. Die EU-Außengrenzstaaten haben kein Interesse an einer Registrierung, da sie sonst de facto für den Großteil aller Verfahren zuständig sind, während die Binnenstaaten eine Registrierung wollen, damit die selbständige Weiterreise in andere Mitgliedstaaten (sogenannte Sekundärmigration) besser unterbunden werden kann. Ich habe weiter oben die Dysfunktionalität der Dublin-Verordnung ausgeführt.

Paradoxerweise kann es ein verlässliches Verfahren der dezentralen Aufnahme nur geben, wenn es freiwillig vereinbart wird. Verlässlichkeit kann in der Flüchtlingsaufnahme nicht erzwungen werden. Nach einer »Verteilungs«-Regelung, die alle verpflichtet, ist jahrelang gesucht worden, ohne Erfolg. Auch der letzte Vorschlag der EU-Kommission vom September 2020 ist praktisch gescheitert. Die Gründe sind immer dieselben und bekannt. Der Vorschlag der EU-Kommission sollte Ende 2020 ausverhandelt und angenommen werden, aber ein Abschluss ist nicht in Sicht. Wir müssen also darauf verzichten, dass alle EU-Staaten gemeinsam handeln und zur Aufnahme von Flüchtlingen verpflichtet werden. Eine solche Verpflichtung wird nicht greifen, und wer diese Bedingung politisch aufrechterhält, trägt de facto dazu bei, dass alles beim Alten bleibt, will vielleicht sogar eine menschliche Antwort auf die Flüchtlingsfrage verhindern.

Andererseits betont die geltende herrschende Rechtsinterpretation in den europäischen Staaten, jedenfalls auch in Deutschland, dass allein die nationalen Regierungen über die Aufnahme von Flüchtlingen zu entscheiden haben. Sie wird zwar inzwischen mit guten Gründen in Zweifel gezogen, aber da wir zügig eine menschliche Flüchtlingspolitik in Gang setzen wollen, gehen wir pragmatisch von der herrschenden Meinung aus. Wir können die nationalen Regierungen also nicht umgehen. Sind wir angesichts der Entscheidungskompetenz der nationalen Mitgliedstaaten im Europäischen Rat in einer Sackgasse?

Um aus der Sackgasse in der Asyl- und Flüchtlingspolitik herauszukommen, sollte eine freiwillige Vereinbarung getroffen werden, verbunden mit positiven, auch finanziellen Anreizen für die Aufnahme von Flüchtlingen. Das trägt dazu bei, an die Stelle des Grundparadigmas der »Verpflichtung«, das die Aufnahme von Flüchtlingen als Last versteht, ein positives zu zeichnen, in dem die Aufnahme als Vorteil und Gewinn für alle, als Win-win-Situation, wahrgenommen werden kann.

2   Freiwilligkeit und positive Anreize anstelle von Sanktionen: Verstärkte Kompetenzen der Kommunen

Das geschieht, wenn man die Aufnahme so regelt, dass moralische, menschenrechtliche und rechtsstaatliche Gebote mit den Interessen der Bürger*innen in Einklang gebracht werden, so dass die Befolgung der Werte nicht als Opferung der eigenen Interessen wahrgenommen wird.

Das ist auch auf der nationalstaatlichen Ebene prinzipiell möglich, wenn man die Flüchtlingsaufnahme mit einer klugen Einwanderungspolitik verbindet. Auf diese Verbindung werde ich noch zurückkommen. Sie steht aber vor dem allgemeinen Hindernis, dass die Nationalstaaten sehr unbeweglich bleiben, u. a. wegen der oben beschriebenen Politisierung des Themas durch den Aufstieg vieler rechtsradikaler und rechtspopulistischer Parteien in Europa, die teilweise die konkurrierenden Parteien vor sich her treiben oder wie in Ungarn und Polen selbst die Regierung stellen.

Die Ebene, auf der hinsichtlich der Flüchtlingspolitik die Verbindung von (vor allem langfristigen) Interessen einerseits und Werten andererseits am leichtesten gelingt, am transparentesten erfolgen und die Zustimmung der Bürger*innen finden kann, ist die Kommune. Hier bietet sich überdies die Aussicht, eine gelungene Flüchtlingspolitik mit einer erfolgreichen Ausweitung wirksamer Bürger*innenpartizipation zu verbinden, die mit der repräsentativen Demokratie vereinbar ist.

Fast 80 Prozent der Menschen in Europa leben inzwischen in Städten und Kommunen. Hier spielt sich vornehmlich der Alltag der Menschen ab, in ihnen findet der größte Energieverbrauch statt, hier müssen die entscheidenden Weichen für den Stopp des Klimawandels, den sparsamen Umgang mit Ressourcen, eine neue bessere Infrastruktur insbesondere für die Mobilität gestellt werden. Hier suchen Bürger*innen Gemeinschaft in sportlichen oder kulturellen Initiativen und Vereinigungen, hier ist auch ein wichtiger Ort digitaler Entwicklung. Zugleich wird in Städten und Kommunen der demographische Wandel oft schmerzlich spürbar. Überall in Europa werden kleinere Städte und Gemeinden verlassen, oft mit historisch reicher Tradition und Kultur, insbesondere Architektur. Wunderschöne alte kleine Städte drohen vor allem in

Spanien und in Italien zu verfallen. Diese Erfahrung gilt es mit dem Gebot und Vorteil verstärkten Engagements für demokratische Teilhabe und für Nachhaltigkeit, auch im Sinne einer menschlichen Flüchtlingspolitik kreativ zu verbinden.

In Anknüpfung an die 17 Nachhaltigkeitsziele, die die Vereinten Nationen im Jahre 2015 verabschiedet haben, wird es insbesondere in den Städten und Kommunen immer wichtiger, nachhaltige Zukunftsplanungen zu entwerfen, für die sie die Unterstützung ihrer Bürger*innen brauchen. Denn die Bedürfnisse und Lebensstile ändern sich mit neuen Technologien und mit immer bunteren Gesellschaften, zumal im Wechsel der Generationen. Das fördert immerhin auch die Möglichkeit, unabhängig vom Ort, an dem wir leben, unsere Arbeit zu verrichten, dadurch zuweilen auch Beruf und Familie für beide Elternteile leichter miteinander zu vereinbaren. Auch für die partizipative Gestaltung der kommunalen Zukunft kann die Kommunikation so deutlich erleichtert werden.

Ziel 11 der Nachhaltigkeitsziele plädiert für nachhaltige Städte, wobei die Nachhaltigkeit sich nicht nur auf den Klimaschutz und die Energieeinsparung, sondern auch auf die Gestaltung der sozialen zwischenmenschlichen Verhältnisse bezieht. Im Ziel 17 wird Partnerschaftlichkeit als Strukturprinzip der politischen Gestaltung empfohlen, lokal und global. Entwicklung betrifft nicht nur die sogenannten »Entwicklungsländer«, sondern alle. Auch der Norden muss sich entwickeln, und das möglichst in partnerschaftlicher Gemeinsamkeit mit dem globalen Süden.

Das passt sehr gut zusammen mit einer Flüchtlings- und Migrationspolitik, die sich mit den langen politischen Linien befasst und erkennt, dass Flucht und Migration zwar immer konkrete Anlässe haben, aber sowohl eine lange Tradition in der Vergangenheit als auch vermutlich eine noch lang andauernde Zukunft haben. Je mehr wir sie gemeinsam und unter Wahrung einer großen Interessenvielfalt im Sinne des Gemeinwohls organisieren können, desto besser. Deshalb ist die Gestaltung der Asyl-, Flüchtlings- und Migrationspolitik zentral für unsere Zukunft, dafür ob wir in Frieden, in Freiheit und solidarischem nachhaltigem Wohlstand zusammenleben oder uns immer mehr in blutigen Konflikten selbst zerstören.

Es sind auch die Städte und Kommunen, in denen Flüchtlinge schließlich ankommen und bleiben. Städte und Kommunen müssen die Voraussetzungen für eine gute Aufnahme schaffen – für Wohnung, Arbeit, Bildung, Gesundheit und alle weiteren kulturellen etc. Voraussetzungen eines neuen Lebens der Flüchtlinge sorgen, so dass sie sich im Ankunftsland wohl fühlen, ihre Teilhabe am Gemeinwesen ermöglicht wird und sie sich konstruktiv einbringen können.

Über 500 Städte und Kommunen haben sich inzwischen in Europa bereit erklärt, mehr Flüchtlinge aufzunehmen (Europe Welcomes, 2021). Und dies ohne das von mir vorgeschlagene Anreizsystem (www.bosch-stiftung.de/de/projekt/moving-cities-map).

3 Aufnahme von Flüchtlingen durch Kommunale Entwicklungsbeiräte für nachhaltige gesamtgesellschaftliche Integration

Deshalb schlage ich als ersten Schritt vor, dass Städte und Kommunen ein deutlich größeres Gewicht als Akteure in einer menschlichen europäischen Flüchtlingspolitik erhalten. Von ihnen kann die politische Initiative zur freiwilligen Aufnahme von Flüchtlingen auch in ihrem eigenen Interesse ausgehen.

Um das gut und nachhaltig vorzubereiten und zu organisieren, befürworte ich, in den Kommunen Entwicklungsbeiräte zu bilden, die die langen Linien der kommunalen Zukunft beraten und deren Umsetzung vorbereiten. Hier ist der Ort, sich gemeinsam Gedanken über die demographische Entwicklung der Kommune zu machen, über Bedarfe und mögliche Angebote in der Wirtschaft in Bezug auf Arbeitskräfte und deren Ausbildung, über den Ausbau der dazu nötigen Infrastruktur, über Sport, Bildung und Weiterbildung, über Angebote an Wohnraum, über Perspektiven der kulturellen Weiterentwicklung und der sozialen Integration aller Bürger*innen des Ortes. Denn Integration ist in einer pluralistischen demokratischen Gesellschaft grundsätzlich eine dauernde allgemein-gesellschaftliche Herausforderung und Aufgabe, nicht nur im Zusammenhang mit Migration, sondern z.B. auch mit den immer größeren Unterschieden zwischen Arm und Reich.

Für eine breite Verankerung dieser Zukunftsplanung ist es hilfreich, wenn die Bürgermeister*innen Vertreter*innen aus der gewählten Stadtverordnetenversammlung und aus ihrer Verwaltung zusammen mit nicht gewählten Vertreter*innen von Nichtregierungsorganisationen bzw. Bürger*inneninitiativen und von Unternehmen einladen, sich regelmäßig, vielleicht viermal im Jahr zu treffen, um auf der Grundlage der Bestandsaufnahme der Verwaltung und anderen Expertise-Vorlagen die gemeinsame Zukunft der Kommune zu besprechen.

Das muss gut vorbereitet und professionell moderiert werden, um nicht in Frustration zu enden. Für die Moderation durch anerkannte Persönlichkeiten im Ort (möglichst nicht die Bürgermeister*innen oder Verwaltungsspitzen, sondern eher Leiter*innen von Sportvereinen, Schulen etc.) müssen Fortbildungen angeboten und finanziert werden. Sonst wehren sich die Gemeinden verständlicherweise, neue Aufgaben zu übernehmen und Institutionen zu bilden in einer Zeit, da viele von ihnen finanziell äußerst klamm sind. Demokratie ist ohne Finanzierung nicht zu haben.

Oft wehrt sich die kommunale Verwaltung gegen den Einbezug von Bürger*inneninitiativen und Unternehmen in die Vorbereitung ihrer Planungen zur kommunalen Entwicklung. Hier ist es wichtig, ihnen die Vorteile zu vermitteln, die ein früher Einbezug hat. Im traditionellen Verfahren erarbeitet die Verwaltung Pläne und stellt sie dann gegebenenfalls der kommunalen Öffentlichkeit vor. Dabei entstehen oft Konflikte bei der Verwaltung, die sich in ihren Bemühungen missachtet findet, und bei den Bürger*innen, die sich nicht genügend vorher gefragt und einbezogen fühlen. Das schafft überdies Verzögerungen bei der Umsetzung der Planung und Frustration bei den Bürger*innen, weil die öffentliche Präsentation der Pläne ihnen kaum noch Einflussmöglichkeiten bietet. Das empfinden sie als Pseudo-Partizipation.

Bei dem hier vorgeschlagenen Verfahren bleibt es zwar dabei, dass die Gewählten schließlich entscheiden. Das ist im Rahmen der repräsentativen Demokratie erforderlich. Aber die vorangegangene Zusammenarbeit von Anfang an schafft sozialpsychologisch schließlich auch den Wunsch bei den Gewählten, das umzusetzen, was man lange gemeinsam erarbeitet hat.

Diese erweiterte demokratische Partizipation wirkt flächendeckender und ist viel klarer in der Umsetzungsperspektive als die gegenwärtig auch von Bundestagspräsident Wolfgang Schäuble propagierten Bürger*innenräte. Zum einen werden in den kommunalen Entwicklungsbeiräten nicht nur ein oder zwei Themen behandelt, sondern die gesamte Bandbreite der Themen und Interessen einer Kommune. Hier kann man sich nicht einfach auf ein Thema oder Interesse konzentrieren und die anderen ausblenden. Erst hier beim Interessenausgleich beginnt wirklich Politik.

Zum anderen wird tendenziell viel mehr Bürger*innen die Möglichkeit geboten, sich politisch nicht nur als vorübergehende »Weiterbildung«, sondern auf Dauer und im Interesse ihrer Lebenswirklichkeit zu engagieren als bei zeitlich und thematisch begrenzten »Bürgerräten«, an denen sich in der Regel ca. 160 Personen beteiligen. Schließlich ist die Perspektive der praktischen Umsetzung geklärt, und mit der Weiterbildung und politischen Erfahrung von ansässigen Bürger*innen wird nachhaltig in die Gemeinde und in deren politische Stärkung (empowerment) investiert. Die »Bürgerräte« gehen dagegen – wie bei einem verlängerten Wochenendbesuch einer politischen Akademie – nach intensiven »Schulungs«-Treffen am Ende wieder auseinander. Das ist nicht nachhaltig.

Wenn Kommunen aus dem Interesse an ihrer eigenen Fortentwicklung und Daseinsvorsorge – die Entwicklung der Einwohnerzahl (Demographie) und der Arbeitskräfte und deren Aus- und Weiterbildung sind hier besonders wichtige Aspekte – zu dem Schluss kommen, dass sie Flüchtlinge aufnehmen möchten, können sie dafür ein kommunales Angebot machen. Die Fußballvereine auf dem Lande in Sachsen-Anhalt z. B. engagieren sich in diesem Sinne, um ihre Nachwuchsvereine angesichts der Abwanderung immer wieder aufzustocken.

Nun besteht oft die Sorge, dass mit diesem Verfahren eine »Rosinenpickerei« entstehen könnte und nur gut »verwertbare« Flüchtlinge von Kommunen eingeladen werden könnten. Dagegen müssten in den Entwicklungsbeiräten engagierte NGOs antreten, gute Politik ist auf Bürger*innenengagement angewiesen. Aber es gibt auch durchaus genug gesunden Menschenverstand in den Gemeinden, auch in den ansässigen Unternehmen, die eine solche Instrumentalisierung ablehnen. Schließlich könnte man dazu auch Regelungen festlegen und mit Finanzierungsbedingungen verbinden. Man sollte den Bürgersinn unserer Gesellschaft aber nicht zu gering schätzen!

Es ist auch wichtig, Sachverstand der Geflüchteten selbst, von Migrationsvereinigungen und aus der Migrationsforschung aufzunehmen – überhaupt für die eigene kommunale Weiterentwicklung wissenschaftliche Beratung z. B. von Hochschulen aus der

Umgebung heranzuholen –, um möglichst weitsichtig, perspektivenreich und klug zu verfahren.

In einer breit verankerten Zukunftsplanung, bei der Verwaltung und gewählte Abgeordnete vertreten sind, die die Zukunft mit Bürger*innen und Unternehmen angehen, ist die Wahrscheinlichkeit, wie gesagt, sehr groß, dass das Erarbeitete auch umgesetzt wird. Umgekehrt wird durch dieses Verfahren vermieden, dass die Verwaltung sich gute Gedanken macht und bei der öffentlichen Vorstellung des Ergebnisses in der Kommune frustriert ist über den Einspruch von Bürger*innen, die schon deshalb nicht wohlwollend reagieren, weil sie vorher nicht gefragt worden sind. Demnächst werden wir aus demographischen Gründen noch mehr ehrenamtlich tätige Bürger*innen haben, die sich hier engagieren können.

Das Ergebnis der Planungsberatungen sollte natürlich – etwa auf der jeweiligen Homepage – öffentlich gemacht und in der Kommune diskutiert werden. Im Zeitalter der Digitalisierung erscheint das selbstverständlich. Dabei müssen alle Altersgruppen Zugang behalten. Die Homepage würde – im Zusammenhang unseres Themas einer menschlichen Flüchtlingspolitik – auch die Informationen darüber enthalten, welches Angebot die Kommunen zur Aufnahme von Flüchtlingen machen. Das wäre der erste Schritt für ein »Matching-System«, das dazu dienen sollte, die Bedürfnisse der Kommunen mit denen der Flüchtlinge zur Passung zu bringen. Dafür gibt es bereits Überlegungen und Vorarbeiten. Für ein solches Matching-System schlagen Malisa Zobel und ich im Folgenden Eckpunkte vor.

4 Ein Matching-System, das die Interessen und Bedürfnisse der Flüchtlinge und der Kommunen miteinander in Einklang bringt

Wie in Kapitel II.3 schon erläutert, hatten Asylsuchende bisher kaum Mitspracherechte, in welchem EU-Mitgliedsland oder gar in welcher Kommune bzw. Stadt sie sich niederlassen wollen, da durch die Dublin-III-Verordnung Mitgliedstaaten mit einer Schengen-Außengrenze für den Großteil aller Asylverfahren zuständig sind.

Die Grundidee eines Matching-Mechanismus ist es, Asylsuchende nicht zufällig und »von oben« auf Mitgliedstaaten und Kommunen zu verteilen, sondern die Vielfalt der Kommunen und Menschen gezielt für eine »Passung« zwischen beiden zu nutzen. Dabei besteht die Herausforderung darin, für alle Beteiligten (d. h. nicht nur für die höchstqualifizierten Asylsuchenden und die attraktivsten Gemeinden) gute Übereinstimmungen (matches) zu finden. Um solche guten Matches zu erreichen, müssen die Kommunen und die Asylsuchenden früh in den Prozess miteinbezogen werden, damit ihre Interessen, Bedürfnisse und Angebote ebenfalls berücksichtigt werden können. Wenn möglich, erhält jede/r Asylsuchende am Ende des Matching-Prozesses eine Liste mit mehr als einer passenden Kommune und kann dann zwischen den Angeboten wählen.

Natürlich gibt es bei solch einem neuen System eine Reihe an Herausforderungen, die zu beachten sind. Diese Herausforderungen sind sowohl politischer und normativer als auch technischer Natur. Politisch geht es darum, innerhalb der Mitgliedstaaten eine Mehrheit für einen »Verteilungs«-Mechanismus zu organisieren. Normativ müssen Kriterien erarbeitet und in der Folge zur Anwendung gebracht werden, die sicherstellen, dass die absolute Zahl der zu verteilenden Asylsuchenden nicht reduziert wird. Das heißt der vorgeschlagene Ansatz sollte dazu führen, dass mehr und nicht weniger Asylsuchende einen Aufenthaltsort in einem anderen EU-Mitgliedstaat finden als unter dem Status Quo. Darüber hinaus sollte das neue System nicht dazu führen, dass Kommunen sich nur die »Rosinen herauspicken«. Was die technische Machbarkeit angeht, haben sich eine Reihe von renommierten Forscher*innen mit den methodologischen Grundlagen von Matching-Mechanismen beschäftigt. Die Fortschritte in der Auswertung großer Datenmengen durch leistungsstärkere Rechner und durch Analysemethoden, die durch Algorithmen gestützt sind, ermöglichen Präferenzabgleiche einer Vielzahl beteiligter Akteur*innen. Im Folgenden werden die politischen Herausforderungen sowie die normativen Anforderungen an einen Matching-Mechanismus skizziert, um danach auch auf die technischen Aspekte näher einzugehen.

Ein Matching-Tool sollte nicht so ausgestaltet sein, dass die Eigennutzperspektive dominiert und nur diejenigen aufgenommen werden, die z. B. hochqualifiziert sind. Die Erfahrung mit dem Matching-Tool des nach 2015 gescheiterten Relocationprogramms zeigt, dass ein besonderes Augenmerk auf die Formulierung des Kriterienkatalogs gelegt werden muss. Die Formulierung und Gewichtung der Kriterien sollten nicht technokratisch erfolgen, sondern demokratisch und transparent erarbeitet werden. Deshalb ist es wichtig, dass unterschiedliche Perspektiven und Interessen berücksichtigt werden – vor allem auch die Perspektiven von Geflüchteten selbst. Dabei sollten grundsätzliche Kriterien wie familiäre und freundschaftliche Verbindungen sowie Sprachkenntnisse stärker ins Gewicht fallen. Nicht möglich ist die Formulierung von Kriterien, die gegen die Anti-Diskriminierungsrichtlinie der EU verstoßen. Zum Beispiel wird es nicht möglich sein, eine Präferenz für eine bestimmte Religionszugehörigkeit auszudrücken. Das Gleiche gilt für andere gruppenspezifische Merkmale.

Darüber hinaus sollte verhindert werden, dass Präferenzen zu eng formuliert werden. Formuliert eine Kommune zum Beispiel eine Präferenz für Familien, kann das indirekt zum Ausschluss alleinstehender Männer ohne Familie führen. Damit das nicht passiert, könnte man diese Kriterien als Angebote formulieren, zum Beispiel mit Angeboten an Kita-Plätzen oder Bedarf an Schüler*innen, um Klassenzüge zu erhalten. Der Vorteil eines Matching auf kommunaler statt auf nationaler Ebene ist die höhere Wahrscheinlichkeit, dass man für beide Gruppen passende Matches finden kann. Es gibt durchaus Kommunen, die zum Beispiel für den Erhalt der eigenen Dorfschule (siehe das Dorf Golzow in Brandenburg) gern Familien mit vielen Kindern aufnehmen würden, während andere vor allem einen Auszubildendenmangel beklagen und deshalb gern alleinstehende junge Männer aufnehmen möchten. Ebenso sollten im Bereich des Arbeitsmarkts keine Präferenzen für spezifische Berufe in die Kriterienliste eingehen, sondern eher Sektoren, in denen Mangel herrscht, benannt werden. Das bedeutet nicht, eine Präferenz für Ärzte als Kriterium festzulegen, sondern die Möglichkeit und den Willen, im Gesundheitsbereich tätig zu sein, abzufragen, denn das umfasst eine größere Berufsgruppe (Hoch- und Geringqualifizierte sowie Auszubildende).

Die größte Herausforderung an ein Matching-System besteht darin, das Angebot an Plätzen nicht von guten Matches abhängig zu machen. Denn sonst besteht die Gefahr, dass die einfach vermittelbaren Personen einen Platz bekommen und die schwieriger zu vermittelnden nicht. Gemindert werden, wenn auch nicht völlig ausgeräumt, könnte dieses Problem dadurch, dass die Kommunen Angebote zur Aufnahme abgeben, aber die Entscheidung, in welche Kommune tatsächlich gezogen wird, bei den Asylsuchenden verbleibt. Sie können aus einer Reihe von Kommunen, die ihnen als Match vorgeschlagen wurde, auswählen. Die Kommune könnte nach Abgabe des Angebots zur Aufnahme dann nicht spezifisch aus den Asylsuchenden auswählen, sondern würde nur vorab eine Priorisierung bestimmter Kriterien vornehmen können. Trotzdem stellt sich weiterhin die Frage, wer die Verantwortung für die Verfahren und Aufnahme von Asylsuchenden übernimmt, die keinen Match erhalten oder die aufgrund hoher Vulnerabilität und besonderer Schutzbedarfe nicht an solch einer kommunalen Aufnahmeplatzbörse teilnehmen können. An dieser Stelle kommt man wahrscheinlich nicht an einer obligatorischen Aufnahmequote vorbei. Diese könnte aber zum Beispiel mit zusätzlichen finanziellen Anreizen ausgestaltet sein. Damit würde man aber trotzdem eine Verbesserung zum derzeitigen Status quo erreichen, in welchem eine Aufnahme, zum Beispiel aus den griechischen Lagern, nur noch für die vulnerabelsten Gruppen vorgesehen ist und alle anderen momentan keine Aussicht auf einen Umzug in einen anderen EU-Mitgliedstaat haben.

Wie kann man sich den Matching-Mechanismus praktisch vorstellen? Nach Erarbeitung eines grundlegenden Kriterienkatalogs (einschließlich einer klaren Hierarchisierung der Kriterien), muss auf der Basis dieser Kriterien ein Fragebogen entwickelt werden, der die Präferenzen der Asylsuchenden mit denen der Kommunen abgleicht und daraus Matches, also geeignete Paare, bildet. Das Verfahren ist dabei ähnlich zu den Verfahren, die Datingapps verwenden (wobei der genaue Algorithmus der Datingapps ihr bestgehütetes Geschäftsgeheimnis darstellt). Anschließend wählen die Asylsuchenden aus einer Reihe von Matches mehrere kommunale Angebote aus, die ihnen zusagen, damit auf beiden Seiten die notwendige Flexibilität entsteht. Es kann ja immer sein, dass eine Kommune bereits von anderen Geflüchteten gewählt worden war.

Das technische Abgleichen der Präferenzen und die daraus resultierenden Matches könnten innerhalb einer App erfolgen, auf der sich die Kommunen auch detaillierter vorstellen könnten. Zum

Beispiel mit Hilfe eines kurzen Videofilms mit grundsätzlichen Informationen zur Gemeinde, aber auch mit direkter Ansprache der Neuzuziehenden. Das könnte den Asylsuchenden die Entscheidung für oder gegen eine Kommune erleichtern. Wenn eine Kommune ausgesucht wurde, muss die Kommune den Match auch noch einmal bestätigen.

Das Abgleichen großer Mengen von Daten aus den Kommunen und von den Asylsuchenden benötigt eine Automatisierung mit Hilfe algorithmengestützter Methoden. Abgesehen von dem nicht öffentlich zugänglichen Algorithmus, den EASO für das gescheiterte EU-Relocationprogramm erarbeitet hat, gibt es inzwischen eine Reihe weiterer Studien und Pilotprojekte, die ebenfalls Matching-Algorithmen für die Umsiedlung Asylsuchender und Schutzbedürftiger entwickelt haben. Diese finden jedoch fast ausschließlich im Kontext internationaler Resettlement-Programme (der Umsiedlung Schutzbedürftiger aus Drittstaaten in ein Zielland oft mit Unterstützung internationaler Organisationen wie IOM und UNHCR) statt.[6] Ein Forscher*innenteam der Universität Stanford hat zum Beispiel einen auf historischen Daten basierten Algorithmus entwickelt, um Menschen gezielt in Regionen und Städte umzusiedeln, die ihr Arbeitsmarktprofil besser matchen und in denen sie eine höhere Chance für eine Erwerbstätigkeit haben (Bansak et al., 2018). Allerdings nimmt der Algorithmus nicht die Präferenzen der Asylsuchenden selbst auf und definiert als das wichtigste Kriterium für die Matches die berechnete Wahrscheinlichkeit, einen Arbeitsplatz zu finden. Der Algorithmus wird

---

6 Das liegt zum einen daran, dass Resettlement-Programme international große Unterstützung finden, auch wenn ihre Bedeutung in den letzten Jahren ebenfalls stark abgenommen hat, zum anderen daran, dass es einen sehr ausführlichen Screeningprozess vor der Ausreise aus dem Drittstaat, also dem ›Resettlement‹ gibt, während sich bei der Relocation die Personen schon auf dem EU-Territorium befinden.

derzeit in der Schweiz getestet, um Personen, die über das Resettlementprogramm in die Schweiz kommen, bestmöglich zu verteilen. Im Piloten wird eine Hälfte zufällig auf die Kantone verteilt, während die verbleibende Hälfte anhand des Algorithmus dem Kanton zugeteilt wird, der am besten auf das persönliche Profil passt.

Ein weiteres Pilotprojekt wurde 2018 in den USA begonnen, es heißt Annie™ MOORE und nutzt einen von den Forschern Jones und Teytelboym entwickelten Matching-Algorithmus (Trapp et al., 2020; RefugeesAI, 2019). Anders als im Projekt der Stanford Universität geht es bei diesem Projekt vor allem darum, einen guten Resettlement-Platz für diejenigen Personen zu finden, die über keinerlei familiäre Bindungen in den USA verfügen. Die endgültige Entscheidung darüber, wo eine Person sich niederlassen darf, wird in diesem Projekt jedoch nicht von den Asyl- und Schutzbedürftigen selbst getroffen, sondern im letzten Schritt von den Sachbearbeiter*innen (siehe auch Calamur, 2019). Dieses Jahr soll ein weiteres Pilotprojekt in Deutschland starten, das für deutsche Kommunen testet, ob eine gezielte, auf Algorithmen gestützte Verteilung einer zufälligen Verteilung überlegen ist.

Technisch ist ein Matching-Mechanismus also schon heute machbar, Vorbilder und Studien dazu gibt es. Es ist jedoch wichtig, auch in der technischen Umsetzung zu beachten, dass die Präferenzen der Geflüchteten (zum Beispiel ob große oder kleine Stadt etc.) ebenfalls in den Matching-Prozess eingespeist werden. Zwar ist die Auswahl aus den Angeboten einiger Kommunen nicht eine völlig freie Wahl, aber es kommt dem Ziel der Bewegungsfreiheit näher, als die Wünsche der Asylsuchenden gar nicht zu beachten und sie einfach ›zufällig‹ in ein Land und eine Kommune zu verteilen. Insbesondere wenn es sich dann um eine Kommune handelt, die keinerlei Aufnahmebereitschaft zeigt und in der sich Asylsuchende nicht willkommen fühlen. Zudem könnte solch eine

Matching-App auch eine Entscheidungshilfe darstellen, da Asylsuchende oft nur ganz generelle Merkmale bestimmter EU-Mitgliedstaaten vor Augen haben, den konkreten Ort ihrer Aufnahme aber nicht kennen.

5 Finanzierung durch einen europäischen Integrations- und Entwicklungsfonds

Ich plädiere also dafür, Kommunen als den Orten, an denen die freiwillige Aufnahme von Geflüchteten und ihre soziale Integration konkret stattfinden und unterstützt werden sollen, mehr Initiativemöglichkeiten zu geben. Wenn dabei im Sinne einer Win-win-Situation auch deren eigene Interessen eine Rolle spielen sollen, liegt es nahe, ein finanzielles Anreizsystem dafür einzuführen. Das gäbe Bürgermeister*innen, Bürger*inneninitiativen oder Unternehmen zusätzliche Argumente in die Hand, einen solchen Prozess – auch die Einrichtung von »Kommunalen Entwicklungsbeiräten« – zu starten. Und es nimmt Ängstlichen ebenso wie Rechtsradikalen den Wind aus den Segeln, die sich generell gegen die Aufnahme von Flüchtlingen wehren und behaupten, das ginge zu Lasten der Einheimischen, und damit antidemokratische Stimmung machen. Viele Kommunen brauchen überdies nicht nur wieder mehr Einwohner*innen, sondern haben auch Finanzierungsbedarf für ihre Projekte.

Bisher werden diese Bedarfe von eigenen Steuereinnahmen, nationalen Regierungen und von Landesregierungen gedeckt. Zusätzlich gibt es seit Jahren umfangreiche europäische Programme, um die sich Kommunen und Städte bewerben können. Sie haben bisher in der Regel mehrere Nachteile: Es ist kompliziert und für kleinere und mittlere Gemeinden kaum realisierbar, sich um sie erfolgreich (!) zu bewerben. Die Gelder fließen in aller Regel über die nationalen Regierungen, worüber diese aus Machtgründen genauestens wachen. Das dauert alles lange, und vielfach bleibt auf der Strecke bis zu den Kommunen einiges »hängen«, ganz abgesehen von Ko-Finanzierungsauflagen der Kommunen, die diese nicht leisten können. Zudem merken die Bürger*innen gar nicht mehr, dass die Gelder, die ihnen helfen, aus der EU kommen. So polemisieren sie oft gegen die EU, ohne zu erkennen, dass diese ihnen substanziell unter die Arme greift.

Überdies ist ein Problem aller Programmpolitik – auch innerhalb der nationalen Staaten –, dass sie eigenen Ideen von Bürger*innen kaum Raum geben. Die müssen dann mühsam versuchen, ihre Projekte in Vorgaben der Programme einzupassen. Das lähmt die Initiative der Bürger*innen zur politischen Beteiligung. Wenn man demokratische Teilhabe fördern will, ist es generell nötig, bei allem Verständnis für die Notwendigkeit übergreifender politischer Steuerung, Teile der Finanzierung für eigene Initiativen von Kommunen und Bürger*innen verfügbar zu machen und hierfür nur allgemeinere Richtlinien festzulegen.

So könnte die repräsentative Demokratie durch eigene Erfahrungen der Bürgerschaft in der Gesellschaft besser Wurzeln schlagen. An welche Projekte innerhalb der Kommunen vorhandene Finanzen gehen, kann am besten über öffentliche Debatten im Verbund mit den kommunalen Entwicklungsbeiräten entschieden werden. Zum Anreiz für die Kommunen, Flüchtlinge aufzunehmen, gehört deshalb auch, dass sie passgenau für ihre Lebenswelten – im Rahmen von großmaschigen Richtlinien – ihre Projekte selbst gestalten und umsetzen können. Selbstverständlich müssen alle Ausgaben ausgewiesen werden, es handelt sich schließlich um Steuergelder.

Dies spricht für eine Finanzierung der Aufnahme von Flüchtlingen aus einem europäischen Fonds für »Integration und kommunale Entwicklung«, bei dem die Kommunen direkt – möglichst ohne den Umweg über die nationale Ebene – ihre Finanzierung beantragen können und der ihnen Spielraum für ihre spezifischen Projekte lässt. Bei der Bewilligung der Finanzierungen wäre es angemessen und sachdienlich, dass Personen mit Erfahrung in Kommunen und mit Akteurskooperation von Politik, organisierter Zivilgesellschaft und Unternehmen sie beurteilen. Sie können am besten die Solidität, die Originalität und Praxisnähe von solchen Anträgen einschätzen. Die direkte Finanzierung durch Brüssel ist im Übrigen seit langem Ziel der europäischen Städtevereinigungen.

Sie wäre generell, unabhängig von der Ansiedlung von Flüchtlingen, auch ein Weg, denjenigen nationalen Regierungen, die sich aktuell in undemokratisch-autoritäre Richtung entwickeln, den Griff auf ihre Städte und Kommunen aus der Hand zu nehmen. Die wollen nämlich oft im Gegensatz zu ihren nationalen Regierungen an Demokratie und Rechtsstaat festhalten, und die autoritären Regierungen z. B. in Ungarn und Polen versuchen deshalb mehr und mehr, ihnen den Geldhahn zuzudrehen.

Die EU hat ihrerseits in den letzten Jahren ständig auf die Bedeutung von Städten und Kommunen für den europäischen Zusammenhalt und für die Entwicklung und Umsetzung neuer Ideen hingewiesen und in diesem Sinne auch vorsichtig Programme der direkten Finanzierung vorgelegt, zum Beispiel das Programm »Urban Innovation Action« (UIA), in dem u. a. klimagerechte Nachhaltigkeit (Kreislaufwirtschaft, Energie- und Ressourceneinsparung), aber auch die Integration von Flüchtlingen gefördert werden. Was wir vorschlagen, liegt also einerseits durchaus im Trend, verlangt aber gerade in der Flüchtlingsfrage einen energischen und mutigen politischen Willen, weil hier die nationalen (insbesondere die konservativen) Regierungen – vor allem mit juristischen Argumenten – blockieren. Eben das hat bisher zur Unmenschlichkeit der europäischen Flüchtlingspolitik geführt.

Ich schlage als Konsequenz aus den funktionalen Bedingungen, die ich für die Finanzierung der Flüchtlingsaufnahme und als Anreizsystem genannt habe, deshalb einen »Europäischen Fonds für Integration und kommunale Entwicklung« vor, bei dem die aufnahmewilligen Kommunen die Finanzierung der Integration der Flüchtlinge beantragen können und zusätzlich in derselben Höhe eine Finanzierung für kommunale Projekte erhalten, die in deren eigenem Interesse liegen.

Die Friedrich-Ebert-Stiftung in Brüssel und Jens Geier, ehemaliger Haushälter für die Fraktion von Sozialisten und Demokraten im EU-Parlament, haben Ende 2020 ein Gutachten in Auftrag gegeben, das die rechtlichen Voraussetzungen für die Errichtung eines solchen Fonds prüft. Das Gutachten kommt zu dem Schluss, dass ein Fonds ohne Änderung des Primärrechts der EU möglich ist, aber den Willen der Mitgliedstaaten braucht, um auf den Weg gebracht zu werden (Fontana, 2021).

Zwei Bedingungen, die funktional und politisch für den Fonds durchaus wichtig sind, müssten pragmatisch geregelt werden:

Die Projekte der Kommunen, die zusätzlich zur Integration von Flüchtlingen finanziert werden sollen, müssen aus rechtlichen Gründen irgendeinen Zusammenhang mit der Aufnahme der Geflüchteten haben, auch wenn sie nicht direkt für sie verwendet werden müssen. Zu den Bedingungen könnte auch gehören, dass die Aufnahmebereitschaft der Einheimischen dadurch gefördert werden soll.

Es ist rechtlich schwierig, die Aufnahme von Flüchtlingen zur Bedingung einer Förderung zu machen, die zugleich die kommunale Entwicklung für Einheimische finanziert.

Für beide Bedingungen lassen sich, so meinen wir, pragmatische Lösungen finden.

Allerdings ist mit der Verabschiedung des 7. Finanzrahmens der EU gerade der Zeitpunkt verstrichen, um die Errichtung dieses

Fonds für die kommenden sieben Jahre zu beantragen. Das ist aber kein »Versehen«, denn bisher war eben der politische Wille nicht vorhanden, neue Wege zu gehen. Wir könnten nun die kommenden Jahre dazu nutzen, die wichtigsten Elemente unserer Strategie praktisch auszuprobieren, gegebenenfalls auch zu justieren, um den Fonds schließlich beim nächsten Finanzrahmen einzurichten. Reformen, zumal im internationalen Bereich, gehen ja oft Schritt für Schritt, also inkrementalistisch vor.

Deshalb wäre es jetzt angezeigt, die Zahl der Flüchtlinge zu schätzen, die aus dem aktuellen Elend gerettet werden müssen, ebenso wie derjenigen, deren Anrecht auf Asyl voraussichtlich in den nächsten Jahren geprüft werden müsste. Nur so können wir die Beträge wenigstens ungefähr beziffern, die aufgebracht werden müssen, um die Strategie auszuprobieren.

Dabei handelt es sich um eine Übergangs- bzw. Vorbereitungsstrategie, die wir in den kommenden Jahren ausbauen müssen, um schließlich in den »Europäischen Fonds für Integration und kommunale Entwicklung« überzuleiten, der im nächsten Finanzrahmen errichtet werden müsste.

Im Jahr 2020 haben laut UNHCR ca. 461 000 Personen in der EU um Asyl nachgesucht, von denen ca. 150 000 Personen einen »regulären Schutz« erhalten haben (EASO, 2021).

In den überfüllten Lagern in Griechenland und auf dem Balkan befinden sich nach Schätzungen zur Zeit ca. 200 000 Personen ohne Asylverfahren, die unter z. T. unmenschlichen Bedingungen mühsam leben müssen. Ihr Elend soll offensichtlich andere Flüchtlinge abschrecken. Sie warten noch auf ein Asylverfahren, ihr Antrag wird bearbeitet, oder er ist bereits abgelehnt worden.

Die EU hat zugesichert, im Jahr 2021 ca. 30 000 Personen über das UNHCR- Resettlement-Programm aufzunehmen.

In Libyen befinden sich ca. 2000 Flüchtlinge festgesetzt in Lagern unter unmenschlichen Bedingungen. Sie müssten realistischerweise über ein gesondertes Resettlement-Programm in die EU gebracht werden.

Überdies schreibt das UNHCR, dass für die »key priorities« ein EU-weites Resettlement-Ziel von 70 000 Geflüchteten in 2020 und 80 000 in 2021 erreicht werden sollte. Das sind für die beiden Jahre insgesamt 150 000 (UNHCR, 2020).

Insgesamt ergibt sich eine Zahl von ca. 685 000 Personen, die 2021 unmittelbar zu versorgen wären. Zählt man von den 461 000 vom UNHCR für 2020 dokumentierten Asylbewerbern in Europa zu den regulär versorgten 150 000 noch einmal 150 000 dazu, die abgelehnt worden sind, aber nicht zurückgeführt werden können, ergibt sich eine Zahl von knapp 850 000 Personen, die nach dem Vorschlag dieser Streitschrift versorgt werden müssten.

Die Europäische Union hat ca. 450 Millionen Einwohner*innen, aufzunehmen wären also weniger als 0,25 Prozent der Bevölkerung! Nach dem Zweiten Weltkrieg hatte Deutschland, damals über weite Strecken in Schutt und Asche, ca. 65 Millionen Einwohner*innen. Aus den ehemaligen deutschen Ostgebieten flohen damals ca. 14 Millionen nach Deutschland, das machte also ca. 20 Prozent der Bevölkerung aus.

Die Europäische Union hat ca. 10 000 Euro als jährlichen Beitrag pro Relocation pro Person zugesagt. Für 850 000 Personen wären das jährlich 8,5 Milliarden Euro. Für kommunale Investitionen in der Höhe der Integrationskosten pro Person kämen weitere ca. 8,5 Milliarden Euro dazu. Ein »Europäischer Fonds für Integration und Kommunale Entwicklung« beliefe sich also auf ca. 20 Milliarden Euro, wenn man über das Minimum von 10 000 Euro jährlich pro zu integrierender Person Zusatzkosten einrechnet. Dabei würde die Hälfte, wie gesagt, für kommunale Investitionen unabhängig von Flüchtlingen verwendet.

Zu fragen ist, ob man für eine Vorbereitungsstrategie durch Umschichtungen im Etat für Migration einen Fonds auflegen könnte, der dem vorgesehenen Integrations- und Entwicklungsfonds im Prinzip entspricht. Für eine Koalition der Aufnahmewilligen, die im anschließenden Abschnitt beschrieben wird, käme vielleicht auch eine Konstruktion wie der im Jahre 2013 errichtete Treuhandfonds EUTF (Emergency Trust Fund for Africa) in Frage. Entscheidend ist der politische Wille, einen solchen Fond zu errichten.

6 »Verstärkte Zusammenarbeit« oder »Koalition der Willigen«?

Unsere Alternative einer »menschlichen« Flüchtlingspolitik will die bisher geforderte verpflichtende Solidarität aller EU-Mitgliedstaaten durch eine freiwillige Zusammenarbeit derer ersetzen, die zur Aufnahme bereit sind. Damit ist ein Perspektivwechsel verbunden: Flüchtlinge sind nicht mehr einfach eine Last, die man abschütteln oder gar nicht erst schultern möchte. Sie werden vielmehr zu willkommenen Mitbürger*innen, mit denen wir zusammenleben und zum gemeinsamen Vorteil (Win-win-Situation) unsere Zukunft gestalten wollen. In der gegenwärtigen Rechtslage brauchen wir dazu eine Zahl von Mitgliedstaaten der EU, die bereit sind, gemeinsam folgende Strategie zu verfolgen:

Um eine verlässliche dezentrale Ansiedlung von Asylberechtigten in der EU zu sichern und damit die Einrichtung von effektiven und menschlichen Asylverfahren realistisch auf den Weg zu bringen, müssen sich diese Staaten verpflichten, ein festes Kontingent von Flüchtlingen aufzunehmen. *Denn die nicht funktionierende »Verteilung« der Asylsuchenden bzw. -berechtigten in der EU ist das entscheidende Hindernis, an dem seit Jahren eine menschliche Flüchtlingspolitik scheitert.*

Die Staaten ermitteln zuvor, welche Kommunen und Städte

in ihrem Hoheitsbereich welche Kontingente von Geflüchteten aufzunehmen bereit sind. In sie werden – nach durchlaufenem Matching-Verfahren – die Flüchtlinge mit Hilfe von nationalen und kommunalen Institutionen aufgenommen.

Wenn die kommunale freiwillige Aufnahme für das versprochene Kontingent nicht ausreicht, verpflichten sich die kooperierenden Staaten, gleichsam als »Sicherheitsnetz«, die verbleibenden entsprechend einem vorher vereinbarten Schlüssel aufzunehmen. Sie koordinieren sich eng im Asylverfahren und einigen sich auf gemeinsame Standards. Dazu siehe das folgende Kapitel.

Für die freiwillige Zusammenarbeit von europäischen Nationalstaaten sind prinzipiell zwei Formen denkbar.

Eine »Verstärkte Zusammenarbeit« nach 328 AEU-Vertrag

Die »Verstärkte Zusammenarbeit« ist eine der Formen, in denen die EU eine abgestufte integrierte Zusammenarbeit vorsieht. Sie muss auf Vorschlag der Kommission durch den europäischen Rat und das EU Parlament ermächtigt werden. Andere abgestufte Integrationsverfahren der europäischen Zusammenarbeit sind das Schengener Abkommen und die Europäische Währungsunion. Sie beruhen auf anderen rechtlichen Grundlagen. Ob sie ermöglicht werden, hängt vom politischen Willen der Nationalstaaten ab. Es gibt jedenfalls keine prinzipiellen rechtlichen Hindernisse dagegen. Solche Vorreiterinitiativen sind im Übrigen weltweit inzwischen ein Weg, politische Innovationen in größeren internationalen Zusammenschlüssen in Gang zu setzen.

An einer »Verstärkten Zusammenarbeit« müssen sich zumindest neun Staaten beteiligen. Für ihre Genehmigung durch den Europäischen Rat genügt eine Zweidrittelmehrheit, zuvor muss das Parlament zustimmen. Die Vorhaben der »Verstärkten Zusammenarbeit« müssen durch die beteiligten Staaten finanziert werden. Der Rat kann etwas anderes einstimmig beschließen. Hier wäre es angebracht, ähnlich wie beim Wiederaufbau-Fonds Phantasie walten zu lassen. Denn die »Verstärkte Zusammenarbeit« würde ja eine Aufgabe – die Aufnahme von Personen, die in Europa Asyl bzw. Schutz beantragen – erfüllen, die eigentlich auch die anderen EU-Staaten erfüllen müssten und zu denen sie sich in internationalen Übereinkommen verpflichtet haben (s. o. Kapitel II.4). Die Kommission könnte finanzielle Anreizsysteme ausarbeiten und mit Zustimmung des Europäischen Rates anwenden, die die »Verstärkte Zusammenarbeit« unterstützen. Denkbar ist, dass die Zustimmungsrate der Mitglieder des Rates (die nicht mehr einstimmig, sondern nur noch zu zwei Drittel der Mitglieder zustimmen müssen) dazu größer ist, wenn das eigene Land sich an der Flüchtlingsaufnahme nicht beteiligen muss, als zu den obligatorischen Solidaritätsregelungen bei der Aufnahme von Flüchtlingen. Hinzu kommt, dass eine Aufnahme durch die Mitgliedstaaten, die das strikt ablehnen, auch nicht im Interesse der Asylsuchenden liegt. Anstatt Mitgliedstaaten nur bei den Kosten der Außengrenzkontrollen in die Pflicht zu nehmen, sollten gerade diese Mitgliedstaaten sich finanziell an der Aufnahme und Integration beteiligen, wenn sie diese schon nicht selbst solidarisch mitgestalten wollen. Eine neue Asyl- und Flüchtlingspolitik, die auch legale und sichere Wege nach Europa schafft, würde die Kosten für den Schutz der Außengrenzen im Übrigen deutlich verringern. Ich komme darauf zurück.

Bei einem solchen Vorschlag treten auch die Chancen einer gut durchdachten Asyl- und Flüchtlingspolitik für die Stärkung der Demokratie in den gegenwärtig autoritär abdriftenden Staaten wie Polen und Ungarn in den Blick. Einerseits würden die Staaten, die keine Asylsuchenden aufnehmen wollen, durch eine »Verstärkte Zusammenarbeit« entlastet, die sich dieser Verpflichtung annähme. Das wäre ein Argument dafür, die »Verstärkte Zusammenarbeit« bei der Aufnahme von Asylsuchenden im Gegenzug finanziell zu entlasten. Freilich hat der Vorschlag der Kommission zur Europäischen Flüchtlings- und Asylpolitik vom September 2020 hier schon »die Preise verdorben«, weil er zwar einerseits am Gedanken der verpflichtenden Solidarität aller festhält, sie aber von den Staaten doch nicht einfordert.

Andererseits könnte die EU mit einer direkten Finanzierung von Kommunen neben dem rechtlichen Aufsichtsmechanismus durch den EuGH und der Bindung von EU-Finanzierungen an rechts- staatliche Kriterien im Empfängerland (bei der letzten Budgetent- scheidung im Sommer 2020) eine Dynamik zur politischen Stär- kung der Rechtsstaatlichkeit in Gang setzen. Denn die zusätzliche Finanzierung von aufnehmenden Kommunen ist für viele Städte und Gemeinden, gerade auch in den Visegrad Staaten durchaus reizvoll. Hier könnten sich innerhalb der Gesellschaften aktuell autoritärer Regierungen Forderungen von Städten und Gemein- den ergeben, an dem Finanzierungmechanismus teilzunehmen. Dies zumal z.B. in Polen 17 Städte in einem Manifest schon 2017 öffentlich erklärt haben, sich an der Aufnahme von Migrant*in- nen beteiligen zu wollen, u.a. weil in wirtschaftlich aufstrebenden Städten wie Danzig, Warschau oder Posen Arbeitskräfte fehlen. Sie würden von der Regierung ihre Teilnahme an der »Verstärkten Zu- sammenarbeit« einfordern und damit die menschen- und völker- rechtlichen Verpflichtungen der EU wiederbeleben.

»Eine Koalition der Willigen«

Rechtlich weniger klar geregelt wäre eine »Koalition der Willigen« zur Aufnahme von Flüchtlingen. Bisher ist der Begriff aus dem Kontext der Beteiligung an militärischen Einsätzen insbesondere am Irak-Krieg 2004 bekannt. In der Flüchtlingspolitik ging es um Weihnachten 2020 unter diesem Namen auch um einmalige Ak- tionen wie die Aufnahme von Kindern und Jugendlichen aus der desaströsen Situation des abgebrannten Lagers von Moria auf der

Insel Lesbos in Griechenland. Für eine längerfristige Flüchtlings-politik hat ihn Ska Keller, Fraktionsvorsitzende der Grünen/EFA im EU-Parlament im Herbst 2020 ins Spiel gebracht, weil sie ahnte, dass der anstehende Vorschlag der Kommission für eine neue Flüchtlingspolitik nicht nur keine humane Lösung, sondern sogar eine Zementierung der inhumanen Grundtendenz der europäi-schen Flüchtlingspolitik in Richtung einer »Festung Europa« be-wirken würde.

Als Bezeichnung dafür, die europäische Flüchtlings- und Asyl-politik über Ad-hoc-Maßnahmen hinaus menschlich zu regeln, diente der Begriff bisher nicht. Sein Vorteil ist, dass die Bedingun-gen für eine solche Koalition nicht so formal festgelegt sind wie bei der »Verstärkten Zusammenarbeit«. Freilich kann man damit infolgedessen auch keine Verbindlichkeit als Bezeichnung einer »Europäischen Flüchtlingspolitik« reklamieren. Es sei denn, das EU-Parlament und der Rat würden sich auf ein solches Format anstelle des schon jetzt gescheiterten Vorschlags der Kommission vom September 2020 einigen.

Eine »Koalition der Willigen« könnte ähnlich geregelt werden wie die »Verstärkte Zusammenarbeit«. Allerdings gäbe es für die teilnehmenden Staaten zahlenmäßig kein Minimum. Um über-haupt auch nur als Nukleus einer Europäischen Politik wahrge-nommen werden zu können, braucht es freilich eine Mindestzahl von fünf, sechs Staaten, auch um die Aufgabe schultern zu können. Eine Aussicht darauf bestünde dann, wenn die EU eine solche Koa-lition mit finanziellen Anreizen versehen würde. Einer der Mängel des gegenwärtigen neuen Vorstoßes zur europäischen Asylpolitik liegt darin, dass er keinen Vorschlag für positive Anreize zur Auf-nahme von Flüchtlingen vorsieht.

Dazu müsste die Europäische Union anerkennen, dass ihr bis-heriger kleinster gemeinsamer Nenner – die Abwehr von Flücht-lingen an den EU-Außengrenzen zu stärken – ein moralischer

Selbstwiderspruch ist, der die Zukunft der Europäischen Union unterminiert, und dass die skizzierte »Koalition der Willigen« als einzige die Chance bietet, aus der Sackgasse der europäischen Unmenschlichkeit herauszukommen. Hierzu braucht es heftigen öffentlichen Druck. Dazu soll diese Streitschrift dienen. Wenn eine Strategie rechtlich und politisch möglich ist, auf Freiwilligkeit baut und allen Beteiligten Vorteile bringt, ist die Chance, dass sie für eine vernünftige Politik mobilisiert, durchaus gegeben. Dagegen wenden sich nur diejenigen, die sich von der offenen Wunde einer inhumanen Flüchtlingspolitik als Verhetzungschance in unseren Demokratien politische Vorteile versprechen, wie Viktor Orban oder rechtsradikale Parteien wie die AfD.

Denkbar ist, dass sich daran zukünftig neben Deutschland mit einer nicht-konservativen Regierung auch Frankreich, Luxemburg, skandinavische Länder und die südlichen »Ankunftsstaaten« beteiligen. Die Koalition müsste offen sein für weitere Mitgliedstaaten und könnte die Vorteile und Attraktivität dieser Strategie öffentlich zeigen.

Sie wäre auch ein entscheidender Schritt der Solidarität gegenüber den Ankunftsstaaten an den südlichen und östlichen europäischen Außengrenzen, einschließlich Bulgarien und Ungarn.

IV Zugang zu menschlichen Asylverfahren in Europa

1 Überwindung der Perspektive der Abschreckung

Bevor ich im Folgenden Eckpunkte eines menschlichen europäischen Asylverfahrens darlege, sei eine Grundbedingung für ihr Gelingen formuliert, die ich auch schon zu Beginn kurz angesprochen habe: Eine menschliche Regelung der Asylverfahren, inklusive der Unterbringung und Versorgung während der Verfahren setzt voraus, dass wir den Grundgedanken, Flüchtlinge als »lästige Störer« unseres gewohnten Lebens möglichst abzuschrecken, ein für allemal verabschieden. Dieser Grundgedanke motiviert – unausgesprochen, aber klar erkennbar – viele politische Entscheidungen der EU und der einzelnen Nationalstaaten. Solange wir aber am entscheidenden Prinzip der Abschreckung von Flüchtlingen und dem Ziel, möglichst keine Flüchtlinge auf den Kontinent zu lassen, festhalten, wird jede »vernünftige« Regelung der Asylverfahren theoretisch oder »unter der Hand« praktisch sabotiert. Dass es sich mit dem Prinzip der Abschreckung nicht nur um eine »vernünftige« Begrenzung von aufzunehmenden Flüchtlingen handelt – woran immer man diese messen könnte –, zeigt sich daran, dass das Leitmotiv der Abschreckung unverändert stark bleibt, auch wenn die Zahlen der Geflüchteten und der Asylbewerber deutlich sinken. Das heißt wenn wir hier nicht einen grundsätzlichen kulturellen Wandel erreichen, geraten wir in eine Abwärtsspirale der Abschreckung und Externalisierung der Kosten.

Neben dem schon weiter oben genannten Motiv, mit Anti-

Migrationspropaganda öffentlich Stimmung zu machen, findet sich bei vielen, die vor allem die Abschreckung verfolgen, die Angst, dass eine menschliche Asyl- und Flüchtlingspolitik »die Schleusen öffnen« und alle Flüchtlinge der Welt oder zumindest alle afrikanischen nach Europa bzw. nach Deutschland holen würde. Der dafür gängige Begriff heißt Pull-Effekt. Mit diesem öffentlich überaus wirkmächtigen Einwand gegen die Überwindung des unmenschlichen Status quo setze ich mich im Anschluss an dieses Kapitel auseinander.

Unter dem Eindruck dieser Sorge hat die Europäische Union ihre Asyl- und Flüchtlingspolitik zunehmend entgegen ihrer menschen- und völkerrechtlichen (Selbst-) Verpflichtungen unter der leitenden Perspektive formuliert und praktiziert, wie man die Flüchtlinge möglichst vor den Grenzen der EU stoppen oder abfangen kann. Erfolgsmeldungen der Innenminister*innen der Nationalstaaten, die die Flüchtlinge vornehmlich unter dem Aspekt der Bedrohung der inneren Sicherheit wahrnehmen, gehen in der Regel dahin, dass die Zahl der ankommenden Asylsuchenden verringert worden sei. Erfolgreiche Aufnahme und Integration stehen dabei nicht im Vordergrund.

Daraus folgte auch seit Jahren der immer erneute Versuch, Asylverfahren außerhalb der EU durchzuführen und dabei möglichst viele Flüchtlinge vor den Außengrenzen wieder abzuschieben. Um den Zugang und die menschliche Ausgestaltung europäischer Asylverfahren zu etablieren, müssen deshalb zunächst die Orte genannt werden, wo sie stattfinden können und sollten.

2 Zentrale europäische Asylverfahren

Orte für zentralisierte Verfahren
in europäischen Prüfzentren

Alle bisherigen Versuche, außerhalb der EU, etwa in Nordafrika Prüfzentren einzurichten oder als »exterritorial« zu fingieren, sind, wie gesagt, bisher gescheitert und werden weiter scheitern. Die Initiativen, nordafrikanische Staaten oder Länder im Nahen Osten zur Einrichtung von Grenzlagern zu nötigen, gehen nicht nur gegen deren Interessen. Sie unterminieren auch eine fruchtbare Kooperation mit ihnen, die notwendig ist, um zu einer befriedigenden Regelung von Flüchtlingspolitik und Migration (einschließlich notwendig werdender Rückführungen) und zu einem besseren Verhältnis mit Afrika zu kommen. Auch wenn man einfach offenlässt, ob die Orte innerhalb oder außerhalb der EU oder sonst wo liegen sollen, wird man keine Lösung finden. Hier müssen wir den Mut zur Entscheidung aufbringen.

Orte für solche Asylverfahren können nur innerhalb der EU eingerichtet werden. Damit Länder sie auf ihrem Territorium zulassen, braucht es, wie oben dargelegt, nach den abgeschlossenen Verfahren eine verlässliche Regelung für die anschließende dezentrale Aufnahme von Asyl- oder Bleibeberechtigten (subsidiärer Schutz) und auch von solchen Personen, die – aus welchen Gründen immer – nicht zurückgeführt werden können. Dafür haben wir Vorschläge gemacht. Zugleich muss die Rückführung derer, die nicht bleibeberechtigt sind, geregelt werden. Auch davor dürfen wir nicht die Augen verschließen. Diese neuen europäischen Prüfzentren dürfen nicht überfüllt werden wie auf den griechischen Inseln. Das ist unmenschlich, und kein Land wird solche »Hot-Spots« auf seinem Territorium freiwillig zulassen. Die EU sollte mehrere Orte für die Asyl- und Bleibeberechtigungsprüfung in verschiedenen europäischen Ländern (nicht nur in den südlichen Ankunftsländern!) einrichten, in denen nach gemeinsamem europäischem Recht geprüft wird. Geflüchtete Personen werden von staatlichen bzw. europäischen Instanzen nach pragmatischen Kriterien (geographische Nähe, Auslastungsgrad, Präferenz der Geflüchteten) von ihrem Anlandeort in eines der Prüfzentren gebracht.

Wenn man, wie ich vorschlage, im Anschluss an die Prüfverfahren so weit wie möglich auf Freiwilligkeit und positive Anreize als Chance der Verlässlichkeit der dezentralen Aufnahme baut – und das sowohl bei den Flüchtlingen als auch bei den aufnehmenden Kommunen – und über ein Matching-System die dezentrale Aufnahme regeln möchte, spielt die Entscheidung über den Ort des Asylverfahrens zunächst eine geringere Rolle, weil sie für den weiteren Aufenthaltsort nicht ausschlaggebend ist.

Unverzichtbare Elemente menschlicher Asylverfahren in europäischen Prüfzentren: Transparenz, Fairness, Vertrauenswürdigkeit, Schnelligkeit

Wie können menschliche Asylverfahren aussehen? Wer soll sie durchführen? Wie lange dürfen sie dauern? Wie kann der Aufenthalt in den Prüfzentren auch im Interesse der Flüchtlinge so genutzt werden, dass sie während des Prüfprozesses freiwillig dort bleiben? Wie kann die Wiederholung der menschenunwürdigen Verhältnisse in den bisherigen »Hot-Spots« vermieden werden?

Zunächst muss dazu geklärt werden, ob die Dublin-III-Verordnung aufrechterhalten werden soll, wie das auch der neue Kommissionsvorschlag vom September 2020 noch vorsieht. Ich meine: Nein! Das geltende Übereinkommen Dublin mit der Dublin-III-Verordnung wird nicht nur vielfach unterlaufen, es führt auch zu zeitraubenden, widersinnigen und vor allem kostspieligen Überstellungsanträgen und Prozeduren und verunsichert die Flüchtlinge. Es gibt zudem keine Antwort auf die legitime Solidaritätsforderung der hauptsächlichen Ankunftsländer in Süd- und

Osteuropa, die verlangen, die Kosten und den Aufwand der Prüf-
verfahren und vorläufigen Unterbringungen auf alle europäischen
Staaten zu verteilen. Wir haben die Evaluation des Europäischen
Parlaments dazu aus dem Jahr 2020 ausgewertet.

Für menschliche Prüfverfahren ist es allem voran bedeutsam,
dass sie möglichst transparent, fair, dadurch vertrauensstiftend
und schnell verlaufen, was sich übrigens gegenseitig stützt. Praktische Beispiele dafür bieten das niederländische und das daran an-
gelehnte Schweizer Verfahren. Hier ist ausschlaggebend, dass Bürger*inneninitiativen wie Flüchtlingsorganisationen sofort Zugang
zu den Prüfzentren erhalten, dass sie den Flüchtlingen helfend zur
Hand gehen können und für Transparenz sorgen. Genauso wichtig
ist es, dass ihnen von Anfang an ein unabhängiger persönlicher
Rechtsbeistand gewährt wird.

Das hat für alle Vorteile: Es spart Zeit, weil sofort professionell
alle für das Asylverfahren erforderlichen Informationen und Unterlagen gesammelt und aufbereitet werden. Es schafft Vertrauen
auf allen Seiten und lässt keine falschen Erwartungen entstehen.
Während in Deutschland vor allem in den sogenannten Ankerzentren der Zugang von Flüchtlingen zum Rechtsbeistand erschwert
wird – zu den Ankerzentren erhalten Rechtsanwält*innen ebenso
wie Bürger*inneninitiativen zur Unterstützung von Flüchtlingen
oft keinen Zutritt – ist in den Niederlanden dieser Zugang ein un-
verzichtbares zentrales Element eines zügigen transparenten Verfahrens.

Auf diese Weise kommt es nach dem niederländischen Asylverfahren auch nur zu weniger Berufungsverfahren als in Deutschland. Asyl wird auf der einen Seite fair und nicht restriktiv gewährt,
auf der anderen Seite unterbleiben aussichtslose Verfahren. Dass
in Deutschland viele Revisionsverfahren Erfolg haben, muss man
wohl so deuten, dass das für die Verfahren verantwortliche BAMF
nicht fair und verlässlich genug urteilt. Deshalb ist hier die Mög-

lichkeit rechtsstaatlicher Revisionen unerlässlich. Allerdings kann man fragen, ob es nicht für alle Beteiligten gedeihlicher ist, wenn die Verfahren von vornherein so ablaufen, dass sie zu sorgfältig geprüften Ergebnissen kommen und unnötige Schleifen vermieden werden. In den Niederlanden zeigt sich, dass Transparenz und Gerechtigkeit allen dienen: Was gut ist für die Flüchtlinge, vermeidet auch unnötige Kosten für das aufnehmende Land. Diese Philosophie, Win-win-Situationen zu schaffen, liegt unserem gesamten Vorschlag einer menschlichen Asyl- und Flüchtlingspolitik zugrunde.

Allerdings hängt auch in den Niederlanden viel davon ab, wie die Asylverfahren unter dem Einfluss der jeweiligen nationalen Regierungen gehandhabt werden. Als dort die Rechtsliberalen unter Ministerpräsident Rutte den Rechtsbeistand einschränken wollten, wurde ihnen öffentlich das Argument entgegengehalten, dass damit die Asylverfahren verlängert würden zu Ungunsten des Staates der Niederlande. Dem Vorschlag Ruttes lag wieder das Motiv der Abschreckung zugrunde.

Damit Prüfzentren nicht zu Gefängnissen werden: Strukturierter Aufenthalt und sinnvolle Angebote an Flüchtlinge

Von niederländischen Asylverfahren können wir auch lernen, dass es allen zugutekommt, wenn der Aufenthalt in den Erstunterkünften für die Flüchtlinge sinnvoll strukturiert wird und sie die Zeit auch zu ihrem eigenen Wohl und im eigenen Interesse nutzen können. Das ist die beste Voraussetzung für die Freiheitlichkeit der Entscheidung dort zu bleiben. Es ist nämlich eine deprimierende Erfahrung für alle Menschen, wenn sie ihre Zeit nutzlos und ohne eigene Mitbestimmung über sich selber verbringen müssen. Daraus entsteht gerade bei allein geflüchteten Jugendlichen eine Frustration, die sie auf Abwege bringen kann.

In den Niederlanden wird unterschieden zwischen solchen Phasen, die der Regeneration nach der anstrengenden Flucht dienen sollen, und solchen, die der Vorbereitung der Asylprüfung zugutekommen. Für unseren Vorschlag, ein Matching-System zwischen den Flüchtlingen und den Kommunen einzurichten, die Flüchtlinge aufnehmen wollen, bietet es sich für die Flüchtlinge an, verbleibende Wartezeiten darauf zu verwenden, das »Angebot« aufnahmebereiter Kommunen zu prüfen und gegebenenfalls Kontakt zu solchen aufzunehmen, die interessant erscheinen. Kommunenvertreter*innen und/oder Vertreter*innen der Zivilgesellschaft können das organisieren. Wenn sich daraus gezieltere weitere Vorgehensweisen für die anschließende Ansiedlung in der EU ergeben, die dann womöglich reibungsloser vonstattengeht, ist das nur von Vorteil für alle.

Bei längeren Aufenthalten in den Erstaufnahmezentren stellt sich die Frage, wie diese Zentren nicht zu Gefängnissen werden für Flüchtlinge, deren Verfahren länger dauern. Prinzipiell stellt sich politisch oft die Frage, ob in Flüchtlinge, über deren Verbleib noch nicht entschieden ist, »investiert« werden soll, z.B. mit Sprachkursen oder Ausbildungsangeboten. Man sollte die Frage genauer prüfen: Tätigkeiten wie z.B. Ausbildungen in Betrieben, die vor allem Sinn machen, wenn sie einen anerkannten Abschluss finden und den Betrieben dann auch zugutekommen können, sind bei ungeklärter Perspektive sicher problematisch; vor allem wenn Betriebe investiert haben und dann nicht davon profitieren können. Für Flüchtlinge sind Ausbildungen allerdings auf jeden Fall ein Vorteil und vielleicht auch für die innere Sicherheit des Landes, in dem sich das Prüfzentrum befindet. Brachliegende Energien von jungen Menschen finden dann eher konstruktive Anwendungen. Für die Schulbildung und für Sprachkurse z.B. gilt das erst recht, weil sie weiterverwendet werden können. Auch Freizeitbetätigungen – Sport, Handwerk, kulturelle Betätigungen – bieten sich an und können Zwangsmaßnahmen überflüssig machen.

Die Kosten für die aufnehmenden Zentren bzw. Institutionen müssen europäisch geteilt werden. Dabei ist zu bedenken, dass von solchen Ausgaben die Aufnahme-Institutionen in der Regel nicht direkt und zeitlich spürbar profitieren. Langfristig aber wirkt sich diesbezügliche Großzügigkeit für sie aus. Kurzfristig werden vor allem mit konstruktiven Lösungen Kosten für die innere Sicherheit gespart.

Die Aufenthaltsdauer in den Prüfzentren sollte – einschließlich der Revisionsverfahren – drei Monate nicht überschreiten. Hier ist empirisch zu prüfen, ob zentrale Lösungen den Ansprüchen der Menschlichkeit genügen. Gegebenenfalls müssten dezentrale Aufnahmen auf jeden Fall nach drei Monaten an die Stelle der zentralen treten, wenn diese sich länger hinziehen.

Unterschiedliche Kategorien von Flüchtlingen:
Komplementäre Einwanderungs- und
Arbeitsregelungen sind nötig
Aber was ist mit denen, die keine Aussicht auf Anerkennung haben? Werden sie nicht auf jeden Fall die Prüfzentren verlassen und untertauchen?

Hier müssen wir eine Unterscheidung zwischen verschiedenen Kategorien von Flüchtlingen einführen, auch um in der Sache angemessenere, d. h. gerechtere Lösungen zu finden. Wie der in Deutschland negativ konnotierte Begriff »Wirtschaftsflüchtlinge«, der durch den Begriff »Arbeitsmigrant*innen« ersetzt werden sollte, nahelegt, gibt es ganz unterschiedliche Beweggründe für Flüchtlinge, die für eine menschliche Regelung auseinandergehalten werden müssen. Da gibt es auch Bedeutungsunterschiede, je nachdem ob man umgangssprachliche oder rechtliche Kategorien verwendet. Flüchtlinge können sein:

- Personen, die nach den im Kapitel II.4 vorgestellten Regelungen der Allgemeinen Erklärung der Menschenrechte, der Genfer Flüchtlingskonvention, des EU-Asylrechts und der Europäischen Menschenrechtskonvention nach entsprechendem Antrag ein Recht auf Asyl in der EU haben
- Personen mit subsidiärem Schutz, die kein Asyl beanspruchen können, aber nicht abgeschoben werden dürfen
- Personen, die rechtlich abgeschoben werden dürfen, deren Abschiebung aber aus verschiedenen Gründen nicht möglich ist (»Geduldete«)
- Personen, die aus Gründen, die im Asylrecht nicht vorgesehen sind (Fehlen der Lebensgrundlage wegen Klimaveränderung, Katastrophen, innergesellschaftliche – nicht staatliche – Verfolgung etc.), in ihrem Herkunftsland nicht leben können
- Personen, die für sich oder für ihre Familie/Dorfgemeinschaft nach besseren Lebensmöglichkeiten suchen (Arbeitsmigration), weil sie im Herkunftsland keine Perspektive sehen und dieses oft mit ihren Rücküberweisungen (remittances) insgesamt finanziell stärker unterstützen als die internationalen Helferorganisationen
- Personen, die aus rechtlichen Gründen zurückgeführt werden müssen und können.

Im Zentrum unserer Vorschläge stehen die Flüchtlinge gemäß der Genfer Flüchtlingskonvention, solche mit subsidiärem Schutz und Personen, die ohne ein Recht auf Asyl doch nicht rückgeführt werden können. Da aber in der Wirklichkeit Flüchtlinge nicht nach Kategorien sortiert nach Europa kommen, da überdies in den letzten Jahrzehnten neue Fluchtgründe, die das Leben von Menschen in ihrem Heimatland bedrohen, dazugekommen sind, müssen wir alle, die in ein Prüfzentrum für Asylsuchende kommen, in den Blick nehmen und Vorschläge, wie für sie ein menschlicher Umgang gesichert werden kann, zumindest skizzieren. Dabei kann es hier nicht um genaue rechtliche Regelungen gehen, sondern nur um die Definition von politischen Herausforderungen, die in Angriff genommen werden müssen.

Gegner einer menschlichen Flüchtlingspolitik führen für ihre Ablehnung häufig den Grund an, dass die meisten Flüchtlinge nicht wegen staatlicher Verfolgung nach Europa kommen, sondern »nur«, damit es ihnen hier wirtschaftlich besser geht. Ohne auf die komplexe Frage nach den Fluchtgründen näher eingehen zu können, ergibt sich aus dem Einwand die Herausforderung, Prüfzentren für Asylsuchende dadurch zu entlasten, dass Personen, die sich aus offenkundig nicht asylrechtskonformen, aber menschlich durchaus verständlichen und legitimen Gründen auf den Fluchtweg begeben, andere Möglichkeiten und Wege erhalten, ihr Ziel zu erreichen (vgl. Fachkommission Fluchtursachen 2021).

Daraus folgt, dass eine menschliche Flüchtlingspolitik komplementär eine Einwanderungspolitik braucht bzw. Angebote für (auch vorübergehende) Arbeitserlaubnisse. Erst wenn die EU bzw. die EU-Staaten hier Alternativen für legale Zugänge bieten, können Asylverfahren spürbar entlastet werden, weil es andere aussichtsreichere Wege für Menschen gibt, nach Europa zu gelangen. Solange dies nicht der Fall ist, wird es realistischerweise notwendig sein, alle Ankommenden sorgfältig auf ihre Asylberechtigung hin zu prüfen.

Versuche der EU und der nationalen Innenminister*innen, durch vereinfachte »Vorprüfungen« die Asylverfahren zu entlasten, indem Personen schnell vorab »aussortiert« werden, die »offensichtlich« keinen Schutz durch Asyl beanspruchen können, sind dagegen untauglich. Sie laufen immer wieder darauf hinaus, das Asylrecht dadurch einzuschränken, dass eine sorgfältige Einzelfallprüfung unterbleibt. Der tauglichste Weg der Entlastung ist es dagegen, den Flüchtlingen Alternativen zu bieten.

Besonders umstritten sind Flüchtlinge, die regulär nicht asylbe-
rechtigt sind, rechtlich auch keinen subsidiären Schutz genießen,
aber aus verschiedenen Gründen nicht zurückgeführt werden können. Für sie muss eine politische Entscheidung getroffen werden.
Hier sollte eine Kategorie eingeführt werden, die das für alle Seiten
unerfreuliche Untertauchen überwindet. Dazu wird man unkon-
ventionelle Regelungen finden müssen, um unendliche Irrfahrten
von Flüchtlingen und kostspielige Gerichtsverfahren zu vermeiden. Ein pragmatisches Beispiel dafür findet sich in den Niederlanden: Hier haben sich im Jahre 2007 Regierung und Kommunen
auf eine »Pardonregelung« geeinigt, mit der 26 000 Personen »re-
gularisiert« wurden (Vgl. Thränhardt, 2016, S. 12).

Überführung, Rückführung und Angebote

Nach Beendigung des Asylverfahrens sollten Flüchtlinge nicht
ohne weitere Perspektive und soziale Absicherung einfach aus
dem europäischen Prüfzentrum entlassen bzw. zum Verlassen gezwungen werden. Diejenigen mit Recht auf Asyl oder auf subsidiären Schutz sollten möglichst zügig in die Kommune umziehen
können, die sie nach dem Matching-System aufnehmen kann.
Dabei wird erwartet, dass diese Kommune die Grundbedürfnisse –
Wohnung, Arbeit bzw. Lehre, Bildung, Gesundheitsbetreuung,
Sicherung der Lebenshaltungskosten, soziale und kulturelle Integration – erfüllen und Hilfe für den Übergang in ein eigenständiges
Leben der Flüchtlinge leisten kann.

Diejenigen Flüchtlinge, die ohne ein Recht auf Asyl nur eine zeitlich begrenzte Duldung haben, müssen ebenfalls eine Perspektive
erhalten, z. B. um für die »unklare« Zeit ihres Aufenthalts in der EU
Arbeit und Bildung beginnen zu können. Damit Kommunen zur
Aufnahme unter solchen unkalkulierbaren Bedingungen bereit
sind, könnten ihnen dafür wiederum finanzielle Anreize geboten
werden.

Die Rückführung von denen, die kein Recht auf Asyl beanspruchen können, ist die schwierigste Hürde für eine menschliche Flüchtlingspolitik. Aber wir dürfen vor ihr nicht die Augen verschließen.

Allerdings gilt es, zuvor ein wichtiges Caveat zu beachten: Sowohl die EU als auch die Nationalstaaten haben in den letzten Jahren unter der Hauptdevise der Abschreckung von Flüchtlingen mehr und mehr Staaten zu »sicheren Herkunftsstaaten« erklärt, die entweder ganz allgemein oder in Bezug auf konkrete Personen (z. B. homosexuelle Personen) nicht als solche gelten konnten. Auch für die Rückführung von Flüchtlingen haben sie Kriterien angewendet, die nicht überzeugen können. So haben sie, um die Zahl der sicheren Herkunftsländer möglichst zu erhöhen, häufig den Prozentsatz der Asyl-Ablehnungen in der Vergangenheit zugrunde gelegt, der über den aktuellen Zustand im Land bzw. über die Gefahrenlage für eine konkrete Person wenig sagt. Ein markantes Beispiel dafür ist die Erklärung von Afghanistan zum sicheren Herkunftsland – eine Einordnung, die von Kenner*innen der Situation vor Ort oft heftig bestritten wird.

Dennoch wird es in dem Maße, in dem Migrant*innen keine Alternative zum Asylrecht für den Zugang nach Europa haben, immer wieder die Notwendigkeit von Rückführungen geben, die durch Rückkehrförderungen erleichtert werden können. Zu einer menschlichen Flüchtlingspolitik gehört aber auch eine ausgewogene Einwanderungs- bzw. Migrationspolitik, wie sie z. B. im UN-Pakt für Migration beschrieben ist.

3 Dezentralisierte nationale Verfahren
in einzelnen europäischen Nationalstaaten

Ein anderer möglicher Weg wäre es, die Verteilung der Schutzsuchenden vor den Verfahren durchzuführen, dafür allerdings mit
einer verpflichtenden Registrierung und einem daran anschließenden Matching-Verfahren. Das würde die Bedenken der Bin-
nen-Mitgliedstaaten aufnehmen, indem die Verteilung durch das
Matching-Tool gesteuert und gleichzeitig Rechtssicherheit für die
Schutzsuchenden geschaffen wird, weil der Zugang zum Asylverfahren gesichert und die Zuständigkeit verbindlich geklärt ist. Die
EU-Außengrenzstaaten würden entlastet, weil sie nicht mehr für
den Großteil der Asylverfahren zuständig sind. Asylsuchende würden zwar weiterhin keine Bewegungsfreiheit innerhalb Europas –
wie es Unionsbürger*innen tun – genießen, aber entgegen einer
obligatorischen Verteilung verbessert sich ihre Situation insofern,
als ihre Präferenzen über einen Wohnort mit aufgenommen werden und sie eine, wenn auch begrenzte Wahl darüber haben, wo
sie sich niederlassen.

Damit die Verteilung auf Kommunen nicht von den Anerken-
nungsquoten innerhalb der Asylverfahren abhängt, müssten sich
die teilnehmenden Mitgliedstaaten noch stärker als jetzt auf die
Einhaltung der rechtlich verbindlichen Standards innerhalb der
Aufnahme-, Verfahrens- und Qualifikationsrichtlinie konzentrieren. Elementarer Kern des Rechtsstaats ist, dass Entscheidungen
staatlicher Stellen gerichtlich überprüfbar sind. Das gilt auch für
das Asylrecht: Entscheidungen über das Gewähren oder Ablehnen
des Schutzanspruchs müssen vor Gericht überprüfbar sein. Das
heißt es muss den Betroffenen möglich sein, Rechtsmittel einzulegen. Diese Rechtsmittel gibt es bisher nur auf nationaler Ebene.
Damit die dezentrale Aufnahme durch Kommunen funktioniert,
müssten deshalb die gemeinsamen rechtlichen Standards in Eu-

ropa gestärkt werden. Zugleich könnte EASO stärker eingebunden werden, müsste dann aber auch eine höhere Rechenschaftspflicht und Transparenz bekommen.[7]

Eine mögliche Vorlage, wie die dezentrale freiwillige Aufnahme in Europa organisiert werden könnte, bieten zum einen für die konkreten Verfahrensschritte und die Beteiligung europäischer Agenturen und nationaler Behörden der Malta-Mechanismus (dazu näher im nächsten Abschnitt), zum anderen die dezentrale Aufnahme, wie sie Deutschland vor den Asylrechtsverschärfungen aus den Jahren 2015, 2016 und 2017 praktiziert hat. Nach einer kurzen Ankommensphase werden Schutzsuchende auf die Kommunen verteilt und dort am besten dezentral untergebracht. Mit dem Unterschied, dass nach dem hier entwickelten Vorschlag in Europa die Kommunen freiwillig und nicht wie in Deutschland verpflichtend aufnehmen würden. Das Asylverfahren würde in einer Außenstelle der nationalen Asylbehörde durchgeführt, das heißt die Asylsuchenden müssten für die Anhörung in die Außenstelle fahren. Die dezentrale Aufnahme durch Kommunen erhöht die Teilhabechancen der Asylsuchenden und gewährleistet, dass das Warten auf eine Entscheidung nicht als verlorene Zeit empfunden wird. Zudem gibt es in den aufnahmebereiten Kommunen eine Willkommensinfrastruktur aus freiwilligen Initiativen, Flüchtlingsräten, gewachsenen zivilgesellschaftlichen Strukturen und erfahrener Verwaltung, die das Ankommen erleichtern.

---

7 Vorschläge zur Stärkung der Transparenz und Rechenschaftspflicht z. B. vom »European Council on Refugees and Exiles« sehen etwa vor, den Executive Director kooperativ durch den Rat, die Kommission und das EP bestimmen zu lassen, EASO zur engeren Kooperation mit dem EP zu verpflichten und unabhängige Expert*innen und NGOs stärker im Verwaltungsrat zu repräsentieren.

An welchem Ort findet was statt?

Von Registrierung zu dezentralen Verfahren

Da die große Mehrzahl der Asylsuchenden keine legale Möglichkeit hat, in den Schengenraum bzw. in einen seiner Mitgliedstaaten einzureisen, um einen Schutzanspruch geltend zu machen, geschieht die Einreise unautorisiert, das heißt die Asylsuchenden kommen einfach irgendwo an, zum Beispiel auf den griechischen Inseln in der Ägäis, auf den spanischen Kanaren oder auch der italienischen Insel Lampedusa. An diesen Orten gibt es keine Grenzkontrollen, wie sie an Flughäfen oder Grenzposten der Autobahnen zu finden sind.

Die Herausforderung für die Asylsuchenden besteht darin, bei einer staatlichen Stelle ihr Schutzbegehren geltend zu machen und Zugang zum Asylverfahren zu bekommen. Für die Mitgliedstaaten der EU ist die Herausforderung, zu wissen, wer und wie viele Personen sich an diesen Orten befinden. Gleichzeitig gibt es an den meisten Ankunftsorten, insbesondere auf den Inseln und entlang der Balkanroute kaum Aufnahme- und Unterbringungsmöglichkeiten, weshalb es nicht gut ist, wenn Menschen an diesen Orten über eine lange Zeit verbleiben müssen. Das wird besonders deutlich, wenn die Anzahl der ankommenden Menschen steigt.

Es müssen also Anreize geschaffen werden, damit sich Asylsuchende freiwillig in eine Erstaufnahmeeinrichtung begeben, anstatt sich selbst auf den Weg zu machen oder unterzutauchen. Das kann nur geschehen, wenn sie damit rechnen können, dort nicht auf Dauer verbleiben zu müssen, sondern eine Perspektive für einen Aufenthaltsort und ein faires Asylverfahren zu bekommen. Das bedeutet auch, aus dem gescheiterten Hotspot-Ansatz zu lernen und keine Voreinteilung von Asylsuchenden in verschiedene Kategorien vorzunehmen (»Schnellverfahren« wie auf den griechischen Inseln, oder sogenanntes »Vorprüfung« oder »Grenzverfahren«), sondern die Verantwortung für alle sich im Asylverfahren befindenden Personen zu teilen. [8]

Die Mitgliedstaaten an den Ankunftsrouten werden Erstaufnahmeeinrichtungen ebenfalls nur zuverlässig einrichten, wenn sie damit rechnen können, dass die Menschen dort nicht verbleiben, sondern ein anderer Mitgliedstaat zügig die Verantwortung für Verfahren, Unterbringung und Versorgung und gegebenenfalls Rückführung übernimmt. Ein solches Verfahren der gemeinsamen Verantwortungsteilung wurde mit der sogenannten Malta-Erklärung zur Aufnahme von aus Seenot Geretteten erprobt. Auch wenn dieses Verfahren noch Mängel[9] aufweist, so stellt es doch den ersten Versuch einer solidarischen Lastenteilung in Europa mit einer Gruppe freiwilliger Mitgliedstaaten dar, nachdem das vorherige Relocation-Programm (2015–2017) und eine verpflichtende Quote am fehlenden Durchsetzungswillen des Europäischen Rats und an der fehlenden Solidarität der Mitgliedstaaten gescheitert ist.

Die Malta-Erklärung wurde am 23. September 2019 von Deutschland, Frankreich, Italien und Malta in Valletta unterzeichnet.[10] Die

---

8   Siehe Valeria Hänsel / Bernd Kasparek »Hotspot-Lager als Blaupause für die Reform des Gemeinsamen Europäischen Asylsystems? Politikfolgenabschatzung des Hotspot-Ansatzes in Griechenland« Expertise erstellt im Auftrag des Rats für Migration e. V., 05 / 2020.

9   Es gibt eine Reihe an berechtigten Kritikpunkten an der Malta-Erklärung: Zum einen gilt sie nur für Ankünfte im östlichen Mittelmeer und nicht für Ankünfte an anderen See- und Landgrenzen (ein Punkt, den Spanien, Bulgarien und Spanien scharf kritisiert haben), zum anderen hat sie problematische Elemente, was die Seenotrettung angeht, vgl. dazu die Erklärung von Amnesty International zur Rückkehr von Rettungsschiffen nach Libyen: https://www.amnesty.org/en/latest/news/2019/10/eu-governments-face-crucial-decision-on-shared-sea-rescue-responsibility/.

10   Im Original: Joint declaration of intent on a controlled emergency procedure -voluntary commitments by member states for a predictable temporary solidarity mechanism. 23. 0. 2019 Valleta, Malta. Abgerufen über: eu-temporary-voluntary-relocation-mechanism-declaration.pdf (statewatch.org) 15. 01. 2021.

Erklärung beinhaltet einen Mechanismus zur Aufnahme von aus Seenot Geretteten in andere EU-Mitgliedstaaten, die selbst über keine Seegrenze im zentralen Mittelmeer verfügen. Obwohl nur vier Staaten die Erklärung offiziell unterschrieben haben, beteiligten sich laut EU-Kommission weitere neun Mitgliedstaaten an der Aufnahme (Portugal, Luxemburg, Irland, Spanien, Finnland, Litauen, Bulgarien, Rumänien und Slowenien).[11] Diese Mitgliedstaaten kommen einer »Koalition der Willigen« am nächsten. Ziel der Erklärung ist eine schnelle Verteilung der aus Seenot Geretteten, die nicht länger als vier Wochen dauern sollte. Die Erklärung wurde befristet und ist seit März 2020 und dem Ausbruch der weltweiten Corona Pandemie ausgesetzt.

Das in der Erklärung vorgesehene Standardverfahren zur Verteilung der Asylsuchenden sieht vier Phasen vor. In der ersten Phase geht es um die Identifizierung und Registrierung sowie Gesundheitschecks und Sicherheitsüberprüfungen[12]. In der zweiten Phase wird die Übergabe der Asylsuchenden vom Ankunftsstaat in den Aufnahmestaat vorbereitet. Dafür hilft das Europäische Unterstützungsbüro für Asylfragen (EASO), indem es Vulnerabilitäten, Verbindungen zu Familienangehörigen in der EU, die Sprache und andere kulturelle Verbindungen zu einem EU-Mitgliedstaat erfasst und mit Hilfe eines Matching-Algorithmus einen anderen Mitgliedstaat als den der Ankunft für die Aufnahme vorschlägt. Der vorgeschlagene Mitgliedstaat akzeptiert oder lehnt die Aufnahme ab und teilt dies EASO, der EU-Kommission und dem Ankunftsmitgliedstaat mit. Die Übernahme des Verfahrens erfolgt dann auf

---

11 Siehe Antwort der Kommission auf eine Frage des EU Parlaments: The Malta declaration of 23 September 2019 and relocations (europa.eu).

12 In der Praxis verlängern gerade die intensiven Sicherheitsüberprüfungen die zügige Aufnahme durch einen anderen Mitgliedstaat. Hier muss sichergestellt werden, dass diese nicht zu einem versteckten »Rosinenpicken« führen, indem zu strenge Kriterien vor der Verteilung festgelegt werden.

Basis der Dublin-III-Verordnung nach Artikel 17(2) (siehe zu diesen Möglichkeiten innerhalb des Dublin-Systems die Ausführungen unter EU-Asylrecht), wobei die betroffene Person der Übergabe des Verfahrens auch widersprechen kann. In der vierten Phase wird der Transfer der asylsuchenden Person in den vorgeschlagenen Mitgliedstaat vorbereitet und teilweise mit Unterstützung der Internationalen Organisation für Migration (IOM) durchgeführt.

Eine ähnliche Ankunftsphase, die ebenfalls nicht länger als vier Wochen dauern dürfte, könnte auch mit dem Matching-System auf kommunaler Ebene kombiniert werden, wobei die Matches zwischen Asylsuchenden und Kommunen organisiert würden und die Asylsuchenden mitentscheiden könnten, in welche Kommune und welchen Mitgliedstaat sie ziehen. Das heißt während der Ankunftsphase in einer Erstaufnahmeeinrichtung entlang der Ankunftsrouten werden Asylsuchende mit einem Asylbegehren (Kategorie 1) in der EURODAC-Datenbank registriert. Das dient der Identitätsfeststellung und der Gewährleistung, dass ein Verfahren zur Prüfung des Schutzanspruches eröffnet wird. Die Registrierung in Kategorie 1 erlaubt, dass das Asylbegehren geäußert wurde, die Zuständigkeit für die Prüfung des Asylbegehrens jedoch auch auf einen anderen Mitgliedstaat übergehen kann. In der Erstunterkunft kann auch ein Gesundheitscheck durchgeführt werden, der mit Zugang zu Therapeut*innen verbunden werden sollte, da viele der Ankommenden von der Flucht traumatisiert sind. Mit Unterstützung von EASO würden Vulnerabilität, eigene Merkmale und Präferenzen in die Matching-Plattform eingespeist und mittels eines Algorithmus die offenen Angebote aus den Kommunen mit den Präferenzen der Asylsuchenden abgeglichen (siehe oben). Die Nationalstaaten bzw. die Gruppe der aufnahmewilligen Mitgliedstaaten garantieren für ihre aufnehmenden Kommunen, die Asylverfahren zu übernehmen. Nach der Präsentation der Matches haben Asylsuchende eine Woche Zeit, sich für eine Kommune zu entscheiden oder Rechtsmittel einzulegen und im Erstankunftsstaat ihr Asylverfahren durchführen zu lassen. Wird der kommunale Match angenommen, dann kommt es zu einer Überstellung durch die Behörden des Ersteinreiselandes in die Kommune, die ausgewählt wurde und Ziel der Relocation ist. Alternativ könnte das auch durch die Ausstellung von Laissez-passer-Papieren organisiert werden, dann könnten Schutzsuchende einfach selbst ein Flugzeug oder Zugticket buchen, um in die aufnehmende Kommune zu reisen.

Was passiert während der Verfahren?

In der Kommune angekommen beginnt das Einleben. Idealerweise erfolgt die Unterbringung der Asylsuchenden in der Kommune ebenfalls dezentral und nicht in großen Gemeinschaftsunterkünften. In Städten, wo Wohnraum knapp ist, müssen innovative Lösungen gefunden werden. Zum Beispiel hat die Stadt Utrecht mit Hilfe einer direkten Finanzierung durch die EU ein kulturelles Zentrum geschaffen, in dem Asylsuchende leben, aber es auch günstigen Wohnraum für junge Utrechter gibt.[13]

Für die erste Anhörung im Asylverfahren müssten die Asylsuchenden in eine Außenstelle der nationalen Asylbehörde fahren. Eine Möglichkeit, die unabhängige Verfahrensberatung sicherzustellen, wäre es, dies als ein Kriterium für das Matching-Verfahren festzulegen. Kommunen, die sich freiwillig für die Aufnahme von Asylsuchenden melden, sollten also vorab sicherstellen, dass es in ihrer Gemeinde oder näheren Umgebung Anwält*innen und zivilgesellschaftliche Organisationen gibt, die Asylsuchende während des Verfahrens begleiten können. Der Weg zur Anhörung könnte entweder von der Kommune organisiert werden, oder das Netz-

---

13 Vgl. Plan Einstein-Projekt: https://www.uia-initiative.eu/sites/default/files/ 2018-07/PLan%20Einstein%20Folder_ENG.pdf

werk, das sich für die Aufnahme stark gemacht hat, organisiert die Fahrt zur Anhörung mit privater Unterstützung. Die Wahrscheinlichkeit, dass Asylsuchende auf unterstützende Strukturen treffen, ist größer in Kommunen, die sich gemeinsam für eine Aufnahme entschieden haben, als in solchen, die eine Aufnahme durch eine verpflichtende Quote vornehmen.

Damit die Teilhabe am sozialen, wirtschaftlichen und politischen Leben in der Kommune schnell ermöglicht wird, sollte von einem Arbeitsverbot für Asylsuchende während des Verfahrens abgesehen werden. Die Arbeitsmarktintegration bietet den Asylsuchenden wirtschaftliche Unabhängigkeit und erleichtert den Kommunen die Aufnahme, da die finanziellen Kosten für die Kommune dann kleiner sind. Angebote, die das Ankommen erleichtern, wie zum Beispiel Sprachkurse oder die Hilfe bei Behördengängen durch Willkommenslotsen sollten von Anfang an ermöglicht werden und nicht an Bedingungen, wie Bleibeperspektive oder Ähnliches geknüpft werden.

Kernelemente und Herausforderungen

Dieser mögliche Weg baut auf bereits in der EU praktizierten Verfahren auf, setzt aber sehr viel stärker auf die Aufnahmebereitschaft der Kommunen. Mit einer stärkeren Einbeziehung der Kommunen gehen jedoch auch einige spezifische Herausforderungen einher.

Kommunen würden gegebenenfalls Menschen aufnehmen, die bei Ausgang des Asylverfahrens keinen Schutzbedarf haben und somit wahrscheinlich keinen Aufenthaltstitel bekommen. Das ist zwar jetzt auch schon so, aber wenn man die kommunale Aufnahmebereitschaft weiter ausbauen will, müssen die Erwartungen der Kommunen und der Asylsuchenden vorab explizit gemacht werden, denn die Kommunen wären vor die Herausforderung gestellt, dass auch nach erfolgreichem Matching die Menschen eventuell nicht dauerhaft in der Kommune verbleiben können. Deshalb ist es sehr wichtig, die Asylverfahren zu entlasten, indem legale Einwanderungsmöglichkeiten geschaffen werden. Regelungen außerhalb des Asylsystems, wie z. B. die Ausbildungsduldung oder Regularisierungsprogramme mit Fristlösungen, schaffen außerdem Möglichkeiten für die Kommunen, eine höhere Sicherheit über die Verbleibdauer der Menschen zu erlangen.

Mitgliedstaaten ohne EU-Außengrenzen wären für mehr Verfahren zuständig als zuvor, dafür gäbe es aber kaum Sekundärmigration mehr, und Mitgliedstaaten und ihre Kommunen würden wissen, wer kommt. Die Mitgliedstaaten wären in diesem Vorschlag auch weiterhin für die Rückführung nicht-schutzberechtigter Menschen aus den Kommunen zuständig. Die Herausforderung, was mit Menschen, deren Schutzbegehren abgelehnt wurde, passiert, besteht jedoch an jedem Ort. Eine Unterbringung vieler Asylsuchender an einem Ort verschärft diese Problematik eher noch.

Kurzfristig wären Kommunen für die Aufnahme und Integration bzw. Inklusion und Mitgliedstaaten für die Verfahren und gegebenenfalls Rückführung zuständig, mittelfristig könnten die Verfahren und Rückführung stärker europäisiert werden und die Aufnahme vollständig aus EU-Mitteln finanziert werden.

V   Werden dann alle aus Afrika nach Europa kommen?

1   Eine menschliche Flüchtlingspolitik verlangt einen Perspektivwechsel: Wo liegen Europas wohlverstandene langfristige Interessen?

Die hier vorgeschlagenen Eckpunkte für eine menschliche europäische Asyl- und Einwanderungsregelung werden manchen Leser*innen so vorkommen, als würde Europa damit seine Tore für alle Flüchtlinge der Welt und besonders für die aus Afrika weit öffnen und sich und die Einheimischen damit heillos überfordern. Wenn man nach einer menschlichen Flüchtlingspolitik sucht, sieht man sich sehr schnell mit der Frage konfrontiert:»Wollt Ihr wirklich alle Schleusen öffnen? Dann kommen angesichts der dortigen Geburtenrate und Arbeitslosigkeit doch Millionen afrikanische Flüchtlinge nach Europa!«

Seit 2015 hat sich nicht nur in Deutschland die Annahme verbreitet, das Bild eines wirtschaftlich attraktiven Europas sei die Hauptursache für Menschen, insbesondere für Afrikaner*innen, aus ihrer Heimat zu fliehen. Jedenfalls würden sie in Scharen kommen, wenn der Zugang nach Europa nicht durch abschreckende Wüsten, tödliche Überfahrten über das Mittelmeer oder eine unüberwindbare Balkanroute versperrt wäre. In den Worten des Abteilungsleiters im deutschen Innenministerium Helmut Teichmann, einem Bericht der *Zeit* zufolge:»›In Niger hat im Schnitt jede Frau über sieben Kinder‹, sagt er. ›Der Kontinent explodiert bevölkerungsmäßig.‹ Auch deshalb, sagt Teichmann, würden künftig mehr Afrikaner nach Europa aufbrechen, mag die Überfahrt noch so gefährlich sein. ›Solange die Tür auch nur ein Stück breit aufsteht, werden sie es versuchen.‹« (Friederichs & Lobenstein, 2016).

Je menschlicher unsere Flüchtlingspolitik, desto größer der sogenannte Pull-Faktor, so sagen die Skeptiker*innen und die Gegner*innen einer politischen Wende zum Menschlichen. Das ist das gängige »Argument«.

Der Pull-Faktor wird dem Push-Faktor gegenübergestellt, der Flüchtlinge oder Migrant*innen nicht aus der Ferne anzieht, sondern im Heimatland »abstößt«. Flüchtlinge fliehen demnach, weil sie aus verschiedenen Gründen für sich zu Hause keine Perspektive mehr sehen. In der Pull-Theorie dagegen nimmt man an, dass sich die Menschen, die aus ihrer Heimat flüchten, auf den Weg machen, weil ihnen ein blühendes Europa bzw. Deutschland vor Augen steht und sie von ihrer Heimat fortzieht. Gemeint sind damit nicht nur die Wirtschaftsmigrant*innen, für die inzwischen auch viele europäische Staaten eigene Zugangswege vorbereiten, weil sie sie ihrerseits brauchen. Oder andersherum: Die Anhänger*innen der Pull-Theorie meinen eigentlich, dass es echte Flüchtlinge kaum gebe, dass vielmehr fast alle, die zu uns kommen, »Wirtschaftsflüchtlinge« seien, die sich bei uns (und auf unsere Kosten) ein besseres Leben machen wollen.

Von dieser Prämisse der herausragenden Bedeutung des Pull-Faktors her verfolgt die EU unter dem Druck insbesondere der nationalen Innenminister*innen seit Jahren ihre Flüchtlingspolitik. Das geschieht grundsätzlich und faktisch immer härter und eingeengter mit dem Ziel, den Zuzug von Flüchtlingen nach Europa so weit wie möglich überhaupt zu verhindern. Das zentrale Mittel, um sie abzuwehren, heißt Abschreckung, und darüber hinaus Grenzen möglichst dicht zu schließen. Je schwerer und gefährlicher der Zugang nach Europa gestaltet wird, desto besser. In dieser Sicht darf die Tür nach Europa eben keinen Spalt offen bleiben. Das kostet zwar viele Menschenleben, aber dazu gibt es dieser Sicht zufolge – ausgesprochen oder unausgesprochen – keine Alternative, wenn man Europa vor dem Flüchtlingsansturm retten will. Die unausgesprochene Vision dahinter ist ein vermeintlich ungestörtes Europa mit seinen traditionell überwiegend weißen Einheimischen, das sich gegen Migrant*innen aus Afrika und gegen Zuwanderung aus dem Nahen und Fernen Osten möglichst hermetisch abschottet.

Ausgenommen und willkommen sind allerdings mehr und mehr Arbeitskräfte aus aller Welt, die die Deutschen und die Europäer*innen brauchen, damit ihre Wirtschaft weiter wächst. Denn die demographische Entwicklung deutet auf ein erhebliches Schrumpfen und vor allem eine Alterung der einheimischen europäischen Bevölkerung hin. Sie wird die EU, wenn nicht entgegengesteuert wird, in vieler Hinsicht erheblich schwächen, wirtschaftlich, aber auch in ihrer Stellung und Bedeutung in der Welt.

Deshalb sind in den letzten Jahren Einwanderungsgesetze verabschiedet worden, auch in Deutschland, dessen regierende konservative Partei sich jahrzehntelang gebetsmühlenartig dagegen gestemmt hatte mit der Behauptung, Deutschland sei »kein Einwanderungsland«. Weitsichtige und weltoffene Persönlichkeiten wie die frühere Bundestagspräsidentin Rita Süßmuth waren von Bundeskanzlerin Angela Merkel noch zu Beginn des Jahrtausends als »parteischädigend« kritisiert worden, weil die Christdemokratin unter der rot-grünen Koalition von Bundeskanzler Schroeder als Vorsitzende einer überparteilichen Einwanderungskommission mit Jochen Vogel als stellvertretendem Vorsitzenden vorzügliche Grundlagen für eine überparteilich konsensuale deutsche Einwanderungspolitik erarbeitet hatte.

Seit der Finanzkrise 2007/8, aber auch nach deren Ende, folgte die deutsche Regierung, und unter ihrem starken Einfluss auch die europäische, der Devise von Bundeskanzlerin Merkel, »auf

Sicht« zu fahren. Diese Devise suggeriert Sorgfalt, Sicherheit und Vertrauenswürdigkeit und hat den Deutschen gut fünfzehn Jahre lang eine provinzielle Kurzsichtigkeit angewöhnt, die sich aufgrund ihrer starken wirtschaftlichen Stellung weder um europäische noch um globale Herausforderungen oder um die Nöte der Nachbar*innen scheren zu müssen schien. Sie folgten damit der Logik Karl Deutschs. Der aus Prag Ende der 1930er Jahre vor den Nationalsozialisten geflohene spätere Harvard Professor hat schon früh Macht definiert als »die Fähigkeit, nicht lernen zu müssen« (Deutsch, 1969, S. 171). Das ist die Quintessenz der Arroganz der Macht und damit auch der Kurzsichtigkeit.

Das Prinzip der Kurzsichtigkeit im Gewande der »Umsicht« hat europapolitisch jahrelang viel Porzellan zerschlagen, Solidarität zerstört und unseren langfristigen Interessen klar geschadet. Ein Paradebeispiel dafür war der Umgang der deutschen Regierung und ihres Finanzministers Wolfgang Schäuble 2015 mit der verachteten »Syriza«-Regierung in Athen. Um einer dogmatischen Austeritätspolitik willen und mit dem Ziel, die »leichtsinnigen« Griech*innen zu erziehen (und auch wegen ihrer Schulden zu demütigen), zwang er die griechische Regierung, ihren Hafen Piräus über den Frachtteil hinaus, der bereits den Chinesen gehörte, zu »privatisieren«, um aus dem Erlös Staatsschulden zu bezahlen. Ein ökonomisch völlig unsinniges, weil unrealistisches Ziel.

So ging der ganze Hafen, anders als das der damalige griechische Finanzminister Yanis Varoufakis zusammen mit einer Münchener Beratungsgesellschaft durchkalkuliert hatte, um dem griechischen Staat die strategisch wichtige öffentliche Infrastruktur zu erhalten, für einen »Appel und ein Ei« an Peking, das sich damit einen strategischen See-Zugang nach Europa sicherte. Eine kuriose Form von Privatisierung. Nach fünf Jahren sind viele Europäer*innen nun aufgewacht und reiben sich die Augen über den offensiv und strategisch vorangetriebenen Machteinfluss Chinas überall in der

Welt, auch in Europa. Wir haben ihnen dafür kurzsichtig die Türen geöffnet! »Auf Sicht fahren« verletzte und verletzt weiter unser langfristiges Interesse!

Das gilt auch für Afrika: Dass China dort seit Jahren aktiv investiert, Kredite vergibt und Abhängigkeiten schafft, ist vielen inzwischen aufgefallen. Auch vielen Afrikaner*innen, die skeptisch werden gegenüber der Art, wie China im Gewande gemeinsamer »solidarischer« Zugehörigkeit zum globalen Süden und angeblich anders als der arrogante koloniale Westen afrikanische Länder doch strategisch und konsequent in Abhängigkeit bringt. Hier bestünde jetzt spätestens die Chance für die EU, das Blatt zu wenden und anstelle von China zu einem vorrangigen Partner Afrikas zu werden.

In ihrer Flüchtlingspolitik glaubt sich die EU dennoch leisten zu können, hinter rhetorischen Parolen der »Partnerschaft mit Afrika«, des angeblichen partnerschaftlichen Umgangs miteinander, zunehmend und durchsichtig die aktuell noch existierende Machtüberlegenheit der EU gegenüber Afrika auszunutzen, um den Kontinent zu seinem Nachteil und zugunsten ihrer kurzsichtigen Interessen zu instrumentalisieren. Darauf komme ich zurück.

Die Antwort auf die Frage, ob eine menschliche Flüchtlingspolitik afrikanischen Flüchtlingen Tür und Tor nach Europa öffnen würde, verlangt von uns daher, gerade nicht unüberlegt die Grenzen dicht zu machen, sondern zunächst einen Schritt zurückzutreten und genauer die aktuelle globale Entwicklung anzuschauen, die vor uns liegt, damit wir unsere eigenen langfristigen Interessen auch gegenüber Afrika erkennen.

Hier gibt es markante Veränderungen der Mächtekonstellation seit dem vorigen Jahrhundert, die auch über unsere zukünftige Lebensweise entscheiden werden. Denn die EU findet sich gegenüber von großen Mächten – den USA, Russland und China –, von denen insbesondere China strategisch und konsequent nicht nur wirtschaftliche, sondern erkennbar machtpolitische und politisch-systemische Interessen verfolgt. Sie stehen unseren Vorstellungen von Demokratie, Rechtsstaat, Machtteilung, Wohlstand in einer offenen Gesellschaft mit Freiheit, Gerechtigkeit und Solidarität klar entgegen.

Je weniger wir diese Werte unserer Lebensweise auch gegenüber Afrika selbst leben, je mehr wir praktisch politisch widerlegen, was wir moralisch proklamieren und von anderen fordern, je unglaubwürdiger wir also auftreten, weil wir faktisch allein im Sinne unserer borniertern, eben nicht wohlverstandenen langfristigen Interessen und ohne Respekt gegenüber Afrika handeln, desto mehr zerstören wir unsere eigene Zukunft. Desto mehr verlieren wir potenzielle, unbedingt notwendige Partner*innen für eine globale Politik, in der unsere freiheitliche, rechtsstaatliche und sozial verantwortliche Lebensweise ihren Platz behalten und ausstrahlen kann. Desto mehr geht sie im moralischen Selbstwiderspruch unter.

Aber das haben wir selbst in der Hand! Je mehr wir es uns leisten, eine dümmliche Ausschließungspolitik gegenüber dem globalen Süden zu praktizieren und ihn damit in seiner eigenen Entwicklung zu unterminieren – desto mehr verlieren wir unsere eigene Zukunft. Vielleicht sichern sich einige europäische Regierungen, die diese Borniertheit vorantreiben, für die nächsten Jahre noch ihre Regierungschancen. Und die Regierungschef*innen haben danach vom Alter her vielleicht ausgedient. Aber wir und unsere Kinder werden uns die Augen reiben, wenn wir aufwachen in einer Welt, in der wir nichts mehr zu sagen haben und ohnmächtig sind, weil wir gegenüber unseren Nachbar*innen im globalen Süden, insbesondere den Afrikaner*innen, statt Kooperation und Kollegialität Erpressung und Hochnäsigkeit praktiziert haben. Unsere Partner*innen haben das längst gespürt und sehen sich nach Alternativen um.

Die erste Antwort auf die Frage, ob wir alle afrikanischen Flüchtlinge nach Europa holen wollen, kann also nur erfolgreich gegeben werden, wenn wir endlich eine weitsichtige Perspektive einnehmen, aus der dann auch unsere langfristigen wohlverstandenen Interessen deutlich werden. Erfahrungsgemäß stimmen sie, im Unterschied zu unseren kurzfristigen Interessen, mit unseren Wertvorstellungen durchaus überein. Nur mit einem neuen Blick auf die Welt und auf unsere politischen Partner*innen haben wir die Chance, die unser Jahrhundert prägende Migration so zu gestalten, dass wir in Europa wie in Afrika, aber auch im Mittleren und Fernen Osten, insgesamt global zu einem einigermaßen friedlichen Zusammenleben kommen.

2 Genau auf Afrika schauen

Zudem müssen wir endlich genau hinschauen. Denn Afrika wird in der europäischen Flüchtlingspolitik vornehmlich wahrgenommen als ein einheitlicher Kontinent, fremd, feindlich, ohne die Möglichkeit, politisch gemeinsame Interessen herauszufinden und zu beider Nutzen zu kooperieren. Afrika wird bislang nicht als politisch, kulturell, geographisch und sozial überaus vielfältiger, noch dazu reicher Kontinent in den Blick genommen. Genau das müssen wir aber tun, wollen wir eine tragfähige Antwort finden. Denn eine menschliche europäische Flüchtlings- und Asylpolitik muss eigebettet sein in eine differenzierte Migrationspolitik.

Allein das von den europäischen Praktiker*innen der Ausschließungspolitik immer auf den Lippen getragene Mantra, man wolle in Afrika »die Fluchtursachen bekämpfen« und damit bewirken, dass Afrikaner*innen gar nicht erst nach Europa kommen, zeugt davon, dass sie nicht genau hinschauen. Die Fluchtursachen sind so komplex, dass sie weder schnell und einfach, etwa mit einem

Schub privater Investitionen (die dann meistens als Erstes genannt werden) behoben werden können noch für die Fluchtbewegungen ein schnelles Ende ermöglichen. Es zeugt auch nicht von Kultur und Feinfühligkeit unsererseits, wirft im Gegenteil ein schlechtes Licht auf unsere eigenen europäischen Prioritäten, wenn wir stets glauben, die wirksamsten Anreize für Afrika lägen im Geld und im wirtschaftlichen Wohlstand. Auch Afrikaner*innen leben nicht vom Brot allein.

Natürlich sind das wirtschaftliche Auskommen, die Bekämpfung von Hunger und Arbeitslosigkeit, sowie ein Dach über dem Kopf zu haben wichtig, aber viele andere Dinge auch: Sicherheit gegen Krieg und politische Willkür, Sozialversicherungen, soziale Netzwerke und Zugehörigkeiten, eine gerechte Perspektive in einer Gesellschaft, die nicht in Arm und Reich zerrissen ist. Hier lohnt eine Erinnerung an den französischen Soziologen und politischen Philosophen Alexis de Tocqueville. Schon im 19. Jahrhundert hat dieser Theoretiker der Gleichheit darauf hingewiesen, dass bei allgemein zunehmender Gleichheit die geringeren Ungleichheiten umso schärfer zum Widerspruch reizten. Karl Marx nannte das »relative Verelendung«. Wir Europäer*innen glauben oft noch, dass nur absolute Verelendung zu vermeiden oder zu überwinden sei, dass den Afrikaner*innen doch ein Dach über dem Kopf und Grundnahrungsmittel reichen müssen, um mit ihrem Leben in der Heimat zufrieden zu sein. Mehr dürfen sie gleichsam nicht verlangen. Welch eine Arroganz!

Afrikaner*innen merken sehr genau, ob Europäer*innen sie wirklich als Partner*innen in der freien Bestimmung ihrer Lebensweise, ihrer Wünsche und Bedürfnisse ernst nehmen oder ob sie von oben herab und nur auf die eigenen Interessen konzentriert festlegen wollen, was für sie ausreichend sein sollte.

Eine Fundgrube für Einsichten in diese Zusammenhänge und empirische Erkenntnisse bietet das Jahresgutachten 2020, das der

»Sachverständigenrat deutscher Stiftungen für Integration und Migration« (SVR) unter das Motto gestellt hat: »Gemeinsam gestalten: Migration aus Afrika nach Europa« (SVR, 2020).

Das ausführliche Gutachten ist eine überaus wertvolle Quelle für Erkenntnisse über das, was seit Jahren im Verhältnis zwischen Europa und Afrika z. T. gut, aber vor allem zunehmend (!) schlecht läuft. Es zeigt zugleich, welche Chancen der Gestaltung wir angesichts der Energie und der inneren Vielfalt Afrikas und der Differenziertheit der kulturellen, materiellen, psychischen, ökonomischen und politischen Bedingungen der Migration in Afrika hätten, wenn wir uns auf den Kontinent und seine Menschen einließen. Unsere entscheidende Handlungsmaxime müsste heißen, dass »Staaten und Staatenverbünde wie die EU versuchen sollten, die Rahmenbedingungen von Migration so auszugestalten, dass sie die Interessen von Herkunftsländern und Zielländern wie auch die Bedürfnisse der Migrantinnen und Migranten berücksichtigen« (SVR, 2020, S. 10) – so heißt es in den zusammenfassenden Thesen des Sachverständigen-Gutachtens.

Das ist aber gegenwärtig nicht der Fall. Im Gegensatz zur europäischen Rhetorik von der Partnerschaft werden die Interessen afrikanischer Staaten und Menschen zunehmend ignoriert. Das mit Macht und ganz vorrangig – auch mit Sanktionen, die Entwicklungshilfe entziehen! – durchgesetzte Ziel der EU, das sich immer mehr in den Vordergrund drängt, nämlich die Abwehr der Afrikaner*innen aus Europa zu »externalisieren«, also auf den afrikanischen Kontinent vorzuverlegen, torpediert die Interessen afrikanischer Staaten und Wirtschaftsverbünde. Um Migrationswege, die z. T. jahrhundertealt sind, zu blockieren, werden Grenzen zwischen den Staaten hochgezogen und teuer befestigt. Dabei waren sie nicht »natürlich« gewachsen, sondern durch die Kolonialmächte willkürlich nach ihren Macht- und Herrschaftsinteressen durchgesetzt worden.

Das westafrikanische Wirtschaftsbündnis ECOWAS (Economic Community of West African States), das, um die Wirtschaft anzukurbeln, die Grenzen öffnen und Mobilität fördern will, wie das die Europäer*innen auf ihrem Kontinent getan haben, wird von Europa düpiert. Den wirtschaftspolitisch vernünftigen Forderungen der Afrikaner*innen stellen sich die Europäer*innen mit ihrem Hochziehen der Grenzen zwischen den afrikanischen Staaten in den Weg. Damit unterminieren sie die eigenständige Entwicklung Afrikas und schaffen neue Fluchtursachen. Nicht nur ein moralischer, sondern auch ein gravierender politischer Selbstwiderspruch der Europäer*innen! Und ein weiteres Beispiel für deren kurzsichtige Politik, die sich an innenpolitischen Wahlchancen und nicht an Herausforderungen globaler Entwicklung orientiert.

Grenzen spielen eben in Afrika historisch und kulturell eine andere Rolle als in den europäischen Nationalstaaten. »In vielen afrikanischen Ländern beispielsweise gilt grenzüberschreitende Mobilität als Selbstverständlichkeit, als natürlicher Teil des Lebensalltags bzw. der individuellen Biografie« (SVR, 2020, S. 15). Die EU hält es aber nicht für nötig, die historisch-kulturellen Wurzeln afrikanischer Gesellschaften ernst zu nehmen und sich darauf einzustellen. Das zeugt von mangelndem Respekt gegenüber Afrika.

Neben der Blockierung von Migrationswegen legt die Europäische Union als zweiten Schwerpunkt ihrer Flüchtlingspolitik zunehmend Wert auf Abschiebungen nach Afrika und entsprechende Vereinbarungen mit afrikanischen Staaten. Die Zahlen der Abgeschobenen sind im Vergleich mit den tatsächlichen Wanderungen gering. Aber die EU verspricht sich davon wohl – irrtümlicherweise! – zum einen Abschreckungseffekte gegenüber potenziellen Flüchtlingen. Zum anderen glaubt sie, dass die einheimische europäische Bevölkerung darauf Wert lege, weil sonst die Nichtbefolgung von Rechtsregeln das Vertrauen in den Staat unterminiere. Prinzipiell ist die Einhaltung der Gesetze für den

Rechtsstaat natürlich unabdingbar. Aber wenn man sie so einrichtet, dass die Politik langfristig Schaden nimmt, sind die Gesetze kontraproduktiv und müssen geändert werden.

Bedacht wird bei uns in Europa auch nicht, dass Abschiebungen in Afrika sowohl von den abgeschobenen Personen als auch von den zurücknehmenden Ländern und von den Familienmitgliedern bzw. Mitbewohnern in Städten oder Dörfern, die die Flucht finanziert haben, als Demütigung wahrgenommen werden. Deshalb schließen die afrikanischen Regierungen eher unauffällige und informelle Abmachungen mit Europa und vereinbaren Verfahren, die ihre Gesellschaften möglichst nicht bemerken, damit sie sich nicht gegen ihre Regierungen wenden.

Auch handfeste Interessen sprechen in Afrika gegen Abschiebungen zurück ins Herkunftsland: Die Rücküberweisungen der Migrant*innen aus Europa sind für Angehörige zu Hause und für die Volkswirtschaft oft sehr bedeutsam, in der Höhe wichtiger als Finanzmittel der europäischen oder deutschen Entwicklungszusammenarbeit. Jedenfalls übersteigen sie inzwischen in Summe die Angebote der Europäer*innen, mit denen diese sich das Wohlverhalten von Afrikaner*innen erkaufen wollen, bei weitem.

Zu den Ursachen für Flucht und Migration gehören in vielen Ländern Afrikas Gewalt, autoritär-diktatorische Herrschaft und Unsicherheit, also nicht nur wirtschaftliche Defizite, sondern auch solche der politischen Regierungsweise. Hier konterkarieren Europäer*innen immer wieder Interessen der afrikanischen Gesellschaften durch Kooperationen mit autokratischen Herrscher*innen und schaffen neue Fluchtursachen (vgl. Koch, Weber & Werenfels, 2018). Die großen Schübe unfreiwilliger Migration aus Afrika folgen aus gefährlichen politischen Konflikten und Bürgerkriegen (vgl. dazu ausführlich Fackkommission Fluchtursachen, 2021).

Überdies entzieht die EU durch eigene Aktivitäten den Afrikaner*innen oft die Lebensgrundlage. So fischen ganz besonders vor den Küsten Westafrikas auch europäische (neben z. B. chinesischen) Fangflotten die Meere leer und rauben der Bevölkerung ihr Haupternährungsmittel. Das geschieht oft mit unfairen Verträgen zwischen westafrikanischen Regierungen und der EU. Hier sind zivilgesellschaftliche Initiativen wichtige Hilfen. Sie sorgen für die Transparenz der Geldflüsse zwischen afrikanischen Regierungen und den Konzernen mit ihren Fischfabriken wenige Meilen vor der afrikanischen Küste und tragen bei zur Vermeidung von Korruption, einer Hauptursache des Übels, die vom Norden wie von afrikanischen Regierungen ausgehen. Dazu gehört z. B. die Fisheries Transparency Initiative (FiTI), die 2019 offiziell gegründet worden ist. Auch der Export subventionierter europäischer Nahrungsmittel nach Afrika schadet der Nahrungsmittelproduktion unserer Nachbar*innen (SVR, 2020, S. 54 & 97).

Insgesamt richtet die Europäische Union ihre Afrikapolitik zunehmend ungeniert, rücksichtslos und zugleich provinziell borniert an nur zwei Zielen aus: Reduktion von irregulärer Migration und Abschiebung von Afrikaner*innen zurück nach Afrika – das Ganze vor dem Hintergrund einer Abschreckungspolitik, die Partnerschaft nur als leere Floskel im Munde führt.

Deshalb folgert der Sachverständigenrat:

»Es ist eine strategische Notwendigkeit, dass die EU [...] zukünftig stärker auf afrikanische Interessen eingeht, wenn sie Maßnahmen zur Reduzierung irregulärer Migration wirklich kooperativ gestalten und dabei einen Ausgleich innerhalb der Migrationspolitik herstellen will.« (SVR, 2020, S. 133)

Die verschiedenen Gründe für die Migration von Afrikaner*innen, an denen auch die EU ursächlich beteiligt ist, und den demütigenden Überlegenheitsgestus der EU führe ich hier nicht zur moralischen Anklage an. Dafür gibt es zwar auch Anlass. Mir geht es aber vor allem darum zu zeigen, dass wir viel mehr Gestaltungsspielraum für unser Verhältnis zu den verschiedenen afrikanischen Ländern und vor allem auch zu den Menschen in den Städten und Kommunen (darauf komme ich zurück!) haben, als wir öffentlich diskutieren. Wir haben deutlich mehr Möglichkeiten in der Hand, als wenn wir mit rigorosen Abschottungsmitteln gegen eine das Jahrhundert überdauernde Migration anzugehen versuchen, die wir dadurch nicht aufhalten, sondern noch verstärken, weil wir die Gründe für sie vermehren. Unsere Abschottung verursacht nur hohe moralische und politische Kosten und nicht zuletzt finanzielle in Milliardenhöhe. Das viele Geld könnten wir konstruktiver einsetzen. Unsere Afrikapolitik unterminiert unsere wohlverstandenen langfristigen Interessen!

Ob die Länder Afrikas gedeihen, so dass die Menschen nicht flüchten müssen, oder ob auch wir sie durch unsere Abschottungspolitik erst recht dazu motivieren zu fliehen, hängt ganz wesentlich von unserer Weitsicht, unserer Phantasie, unserer Weltoffenheit, unserem diplomatischen Geschick, kurz: davon ab, ob wir bereit sind anzuerkennen, dass wir in **einer** Welt leben, in der wir gemeinsam viel mehr erreichen als gegeneinander.

Anstatt die Grenzen innerhalb Afrikas und gegen den Willen der Afrikaner*innen hochzuziehen, anstatt sie mit der Drohung, ihnen die Entwicklungshilfe zu streichen, zu erpressen oder sich das Wohlverhalten der Regierungen gegen die Interessen der Bevölkerung zu erkaufen, anstatt ihnen ihre Fischgründe zu entleeren und ihre selbstproduzierten Lebensmittel durch europäische subventionierte zu entwerten, anstatt mit Autokrat*innen zusammenzuarbeiten, sie zu fördern und damit zur Perspektivlosigkeit der Menschen im Lande beizutragen, anstatt ihnen legale Zugänge nach Europa z. B. zu einer zirkulären Ausbildung der Jugend über die akademische Bildung hinaus zu verweigern, können wir im eigenen wohlverstandenen Interesse auf Augenhöhe mit ihnen darüber verhandeln, wo sie ihre Interessen sehen und wie wir die mit unseren vereinbaren können. So würden wir im langfristigen wohlverstandenen Interesse Europas handeln.

Schon in den 1980er Jahren haben Willy Brandt und der Brundtland-Bericht weitsichtig das Ziel der Nachhaltigkeit und der »Gemeinsamen Entwicklung« von Nord und Süd propagiert. Daran zu arbeiten würde vor allem Arbeitsmigration, an der die Europäer*innen selbst interessiert sind, nicht beenden, aber deren Gestaltung ermöglichen und fördern.

3   Herausforderungen und Chancen einer Entwicklungszusammenarbeit mit Afrika

Auch wenn wir den erforderlichen Perspektivwechsel vornehmen, wenn wir unsere Politik von selbstzerstörerischer Abschreckung auf intelligente Kooperation und Interessenausgleich mit Afrika »umschalten«, wenn wir endlich nicht aus Angst, sondern mit Zutrauen in uns und Zuversicht in die Zukunft Politik machen, fällt uns die gemeinsame Zukunft nicht einfach in den Schoß. Denn natürlich gibt es unendlich viele Konflikte aus unterschiedlichen Interessen. Es gibt Dilemmata, wie gegenwärtige Forschungsbefunde zu Afrika zeigen, z. B. dass Migration durch wirtschaftliche Entwicklung in afrikanischen Ländern anfangs eher gefördert wird, dass die Emigrationsrate erst nach einer weiteren Entwicklungsstufe wieder sinkt (sogenannter migration hump) (SVR, 2020, S. 54). Das ist übrigens plausibel, weil die Überwindung absoluter Armut Migration erst ermöglicht und dann auch den Vergleich, dass es einem woanders besser gehen würde.

Die Antwort kann aber nicht sein, die absolute Armut möglichst zu konservieren, sondern den nächsten Entwicklungsschub, der dann eine Bleibeperspektive eröffnet, zu beschleunigen. Und wir landen auch selbst in einer Sackgasse, wenn wir unser Verhältnis zu Afrika und zur Migration nur daran messen, ob Migration zurückgeht bzw. stoppt. Stattdessen brauchen wir eine Idee gemeinsamer »Nachhaltiger Entwicklung«, wie sie in den Nachhaltigkeitszielen 2030 vorgesehen ist, zu denen wir uns ja offiziell in der EU und in Deutschland lautstark bekennen.

Der grundsätzliche Perspektivwechsel ist deswegen eine notwendige, aber nicht zureichende Bedingung für eine Beziehung zu Afrika, die beiden – Europa und Afrika – guttut und die Besorgnisse überwindet, wir würden mit einer menschlichen europäischen Flüchtlingspolitik Europa einer nicht zu bewältigenden »Überschwemmung« mit afrikanischen Flüchtlingen aussetzen. Erforderlich sind politische Entscheidungen im Rahmen einer umfassenderen Strategie gegenüber Afrika, die unsere Nachbar*innen im Süden bei ihrer nachhaltigen Entwicklung unterstützen und ihnen auch konkret beistehen, wo sie gerade in der Migration Aufgaben für andere und für uns übernehmen.

Außerhalb des afrikanischen Kontinents ist z. B. wenig bekannt, dass einige Länder Afrikas Aufnahmeländer sind (z. B. Äthiopien für Flüchtlinge vom Horn von Afrika) und dass sie besonders viele Flüchtlinge aus den innerafrikanischen Wanderungen aufnehmen (Uganda gegenüber dem Sudan). Damit diese Aufnahmeländer, die viel ärmer sind als wir, wegen dieser Aufgabe nicht schweren Schaden nehmen an ihrer eigenen Entwicklung, was auch zu vermehrter Auswanderung nach Europa führen würde, wäre es klug, wenn die EU solche Aufnahmeländer unterstützte und damit ermöglichte, dass Flüchtlinge, wie sie es selbst wollen, in der Nähe ihrer Heimatländer bleiben.

Dazu der Sachverständigenrat: »So liegen auch einige der größten Flüchtlingslager der Welt in Afrika. Dazu gehören die Flüchtlingssiedlung Bidi Bidi mit rund 231 400 Bewohnern und Bewohnerinnen im Nordwesten Ugandas (Stand Januar 2020;

UNHCR(b), 2020, der Dadaab-Lagerkomplex mit ca. 217 100 Personen (Stand Oktober 2019; UNHCR(c), 2020 und das Lager Kakuma mit ca. 153 600 Personen in Kenia (Stand August 2019; UNHCR, 2019) sowie das Lager Nyarugusu mit ca. 136 550 Personen in Tansania (Stand Januar 2020; UNHCR(d), 2020.

Flüchtlingslager sind in aller Regel nur für eine temporäre Unterbringung konzipiert. Die Realität sieht aber häufig anders aus: Sogenannte langanhaltende Flüchtlingssituationen *(protracted situations)* nehmen immer mehr zu. Als solche werden Situationen bezeichnet, in denen mindestens 25 000 Flüchtlinge einer Nationalität seit mehr als fünf Jahren in einem Aufnahmeland im Exil leben.« (SVR, 2020, S. 136)

Die EU könnte auch finanziell dabei helfen, dass die großen Flüchtlingslager, die in Afrika seit Jahrzehnten bestehen, nicht auf unendliche Zeit »Fremdkörper« in ihren Aufnahmeländern bleiben. Vielmehr gibt es inzwischen sowohl Versuche, für die Bewohner*innen im Aufnahmeland bessere Integrationschancen zu bieten, als auch die Lager zu neuen, dann wirklich funktionierenden Städten umzuwandeln. Dazu sind einige bereits auf dem Weg.

Eine der größten Herausforderungen ist die zu erwartende Jugendarbeitslosigkeit in Afrika infolge der anstehenden Zunahme der Bevölkerung. Ausbildung von Jugendlichen über vorübergehende Aufenthalte in Europa, die Ermöglichung von Kleinkrediten und die Verhinderung von Braindrain nach Europa, alles das sind Einzelmaßnahmen, die man mit den afrikanischen Staaten aushandeln kann.

In vielen Ländern Afrikas ist z. B. Saisonarbeit, der vorübergehende Arbeitsvisen nach Europa helfen würden, an der Tagesordnung. Sie könnten, nach einem Vorschlag des Sachverständigenrates mit einer Kaution versehen werden, die bei Rückkehr der Afrikaner*innen in ihr Heimatland zurückgezahlt würde. Die Rückkehr wäre dann nicht demütigend.

»Für viele afrikanische Länder könnte gerade angesichts ihres demografischen Profils die Einreise zur Ausbildungsplatzsuche relevant sein. Und mit der Möglichkeit der Einreise zur Nachqualifizierung, die an der Schnittstelle von Entwicklungs- und Migrationspolitik angesiedelte Projekte wie »Triple Win« auf eine eigene gesetzliche Grundlage stellt, könnten migrationspolitische Aktivitäten gezielt in solchen Ländern entfaltet und gefördert werden, die sich besonders dafür eignen aus entwicklungs-, außen- und auch migrationspolitischen Gründen.« (SVR, 2020, S. 103; sowie Fachkommission Fluchtursachen, 2021, S. 130 ff.)

Ein Hindernis gegen die Effektivität der Entwicklungszusammenarbeit zwischen Europa und Afrika liegt darin, dass ihre Orientierung und ihre konkrete Ausführung hier wie dort in der Hand der nationalen Regierungen liegen, sieht man von dem Beitrag sehr vieler Nichtregierungsorganisationen im Norden wie im globalen Süden ab, die dabei unverzichtbare Dienste leisten. Wie in der EU sind aber die nationalen Regierungen in Afrika oft gerade nicht die politischen Akteur*innen, die entschlossen und innovativ Entwicklungen vorantreiben.

Die finden sich vielmehr, wie es sich auch bei der Bekämpfung der Pandemie gezeigt hat, eher auf der kommunalen Ebene. »Überall dort, wo Bürgermeister und Landräte während der Ebola-Krise 2014 rasch Verantwortung übernahmen, ließ sich die Krankheit zügig eindämmen« (Starzmann, 2020). Wie in Europa, eröffnet sich auf kommunaler Ebene zugleich die Chance für eine lebensnahe und wirksame Partizipation der Menschen. Hier ist der Ort, »good governance« – Transparenz der Entscheidungen, Fairness in der Teilhabe und des Umgangs miteinander, Ausdiskutieren der Vorstellungen der Bürger*innen (Palavern!), Verantwortungssinn und pragmatische Alltagstauglichkeit – bottom up auszuprobieren und weiterzuentwickeln. Und dabei an den Gewohnheiten, Erfahrungen und Kompetenzen der Menschen anzuknüpfen.

Unsere nationalen Entwicklungspolitiken setzen häufig vor allem auf Finanzierung durch umfangreiche Regierungsprogramme und -projekte und durch große staatliche Vorhaben, die aber die Notwendigkeit, finanzielle Investitionen mit guter Verwaltung und demokratischer Partizipation zu verbinden, damit sie nachhaltig werden, oft nicht berücksichtigt. Umfangreiche staatliche Investitionen sind auch nötig, selbst wenn sie ein Einfallstor für Korruption öffnen können. Die könnte durch gute Integritätspakte, für die Transparancy International gute Vorschläge gemacht hat, und überhaupt durch Regelungen für Good Governance unterbunden werden.

Ein neuer politischer Schwung in die gemeinsame nachhaltige Entwicklung könnte durch eine Strategie kommunaler Entwicklungszusammenarbeit zwischen europäischen und afrikanischen Kommunen und Städten entstehen. Dafür gibt es schon vielfache Initiativen und Anknüpfungspunkte. Und es ist eben gar nicht zufällig, dass auch für die nachhaltige Entwicklungszusammenarbeit Städte und Gemeinden besonders aufgeschlossen und fähig sind. Damit nehmen wir den Grundgedanken unseres Vorschlags für eine menschliche europäische Flüchtlingspolitik auch für die migrationspolitische Zusammenarbeit mit Afrika wieder auf.

4 Ein neuer Schwung: Entwicklungszusammenarbeit zwischen afrikanischen und europäischen Kommunen

Beispiel: Kooperation zwischen libyschen und europäischen Städten – die Nikosia-Initiative

Nachdem der Herrscher Libyens Muammar Gaddafi 2011 umgekommen und seine zentralstaatlich diktatorische Struktur zusammengebrochen war, wurden Städte und Kommunen im libyschen Chaos zu neuen Ankern des sozialen Zusammenhalts. 2012 hatten sie zum ersten Mal gesetzlich die politische Zuständigkeit erhalten, für sich selbst zu sorgen. In der extremen Unsicherheit einer Gesellschaft ohne Regierungszentrum wurden die gewählten Gemeindeversammlungen zu Orten der Vertrauensbildung (El Kamouni-Janssen, Shadeedi & Ezzeddine, 2018).

In diesem Kontext lud der Ausschuss der Regionen der Europäischen Union libysche Bürgermeister, die Erfahrungen und Kompetenzen in der kommunalen Selbstverwaltung suchten, zu einem Treffen mit europäischen Bürgermeistern ein. Daraus entstand die sogenannte Nikosia-Initiative. Die Politikberaterin Benedetta Oddo, die in Libyen sowohl in der Entwicklungszusammenarbeit als auch im Privatsektor für »Social Responsibility« verantwortlich und engagiert tätig gewesen war und sich vor allem für kommunale Selbstverwaltung einsetzte, half ein Netzwerk von libyschen Städten mit europäischen zusammenzubringen. Dazu gehören von libyscher Seite Sirte, Tripoli, Gharyan und Zintan im Westen, Sebha im Süden und Bengasi and Tobruk im Osten. Aus Europa engagierten sich Antwerpen, das portugiesische Vila Real, die spanische Stadt Murcia, Zyperns Hauptstadt Nikosia, aber auch die Region Flandern und maltesische lokale Gebietskörperschaften. Gegenstände der Kooperation waren Wasserwirtschaft, Abfallbewirtschaftung, medizinische Grundversorgung, öffentliche Verwaltung und kommunaler Haushalt.

2016 würdigte die damalige Außenbeauftragte der Europäischen Union Federica Mogherini bei einem Treffen mit dem Ausschuss der Regionen und Vertretern der Nikosia-Initiative diese als wichtiges Beispiel von Städtediplomatie. Sie ordnete sie ein in eine globale Strategie lokalen Handelns. Diese Funktion der lokalen Ebene im Rahmen einer globalen Strategie nachhaltiger Entwicklung kann als Leitbild einer Strategie gemeinsamer nachhaltiger Entwicklung der Europäischen Union und Afrikas dienen. Dabei sollte auf der Ebene der EU der Ausschuss der Regionen in seinen bisherigen Aktivitäten unterstützt werden und eine wesentlich größere Rolle spielen als bisher.

Hierzu haben im Rahmen der »Stiftung Wissenschaft und Politik« mehrere Forscher*innen gerade eine wertvolle Recherche erstellt (Angenendt, Biehler & Kipp, 2021).

Daraus wird deutlich, welches Potenzial für eine gemeinsame nachhaltige Entwicklung in der Kooperation von afrikanischen und europäischen Städten und Städtenetzwerken im Dienste einer menschlichen Flüchtlingspolitik und einer positiven Gestaltung von Migration liegt. Man ist erinnert an den sprunghaften Anstieg von Impfungen im April 2021 in Deutschland in der zuvor nur mühsam vorankommenden deutschen Corona-Impfkampagne, nachdem es den Hausärzt*innen erlaubt worden ist zu impfen. Die vielen dezentralen Impfmöglichkeiten führten von einem Tag auf den anderen zu einer Verdoppelung (!) der täglichen Impfraten von ca. 350 000 auf ca. 700 000 Impfungen. Hier zeigt sich die Effektivität und Dynamik dezentraler Initiative.

Zugleich belegt die Forschungsarbeit, wo aktuelle Hindernisse dagegen liegen, das große Potenzial der kommunalen Kooperation zur Entfaltung zu bringen.

Ein Grund liegt wie in der europäischen Flüchtlingspolitik in der mangelnden Finanzierung der Kommunen für diese Aufgabe, die sich bisher die einander blockierenden Nationalstaaten vorbehalten haben. Den Städten und Kommunen fehlen Geld und Personal, um diese Aufgaben befriedigend zu erfüllen. Die nationalen Regierungen in beiden Kontinenten wachen eifersüchtig darüber, dass ihnen kein Machtverlust widerfährt, selbst wenn das auf Kosten der Problemlösung geht. Kein Wunder: Sie leiden auf der nationalen Ebene nicht unter dem Problemlösungsdruck.

Entscheidend für einen erneuten Schub in der gemeinsamen Entwicklung von Afrika und Europa ist deshalb, dass die Kommunen ausreichende Finanzierung und Handlungsspielräume erhalten und dass die nationalen Regierungen mit den Städten und Kommunen kooperieren. Das ist immerhin möglich! In der Forschung wird übrigens in diesem Zusammenhang immer wieder auf die Beispielhaftigkeit der deutschen kommunalen Selbstverwaltung hingewiesen.[14]

Über den Mangel an Finanzierung hinaus erschwert die Vielfalt der Städte mit ihren verschlingenden Alltagsproblemen die Koordination von Flüchtlings- und Migrationspolitik, ebenso wie das beharrliche Vorantreiben der politischen Strategien und ihre Fokussierung, um effektiv ihre Ziele zu erreichen.

Auf der anderen Seite zeigen sich zunehmend die Potenziale von kommunaler Zusammenarbeit, ihre Dringlichkeit und die Tatsache, dass sie weltweit als eine vielversprechende Perspektive zur Lösung der drängenden lokalen wie globalen Probleme wahrgenommen wird.

2016 wurde die weltweite Zahl von kommunalen Initiativen und Netzwerken auf ca. 200 geschätzt. Es ist schwer, sie übersichtlich zusammenzufassen. Angenendt et.al. schaffen mit folgender Einteilung immerhin eine gewisse Übersicht:

»Bezüglich ihres Charakters lassen sich unterschiedliche Typen von Städtenetzwerken unterscheiden: generalistische Städtenetzwerke wie *Eurocities*[15], thematische wie *Polis* für Verkehr in Europa oder *Platforma*[16] für Entwicklungszusammenarbeit und geographische Netzwerke wie die *Union of the Baltic Cities*[17] oder *MedCities*[18].

---

14 Vgl. dazu auch das kürzlich in Polen erschienene Buch der Verwaltungsjuristin und früheren Ombudsbeauftragten Irena Lipowicz, 2019, S. 39 ff. Irena Lipowicz belegt auch die polnischen Wurzeln der Selbstverwaltung.

15 https://eurocities.eu/

16 https://platforma-dev.eu/

17 https://www.ubc.net/

18 http://www.medcities.org/

Zudem bestehen sprachlich-kulturelle, häufig an kolonialen Strukturen orientiere Netzwerke wie das *Commonwealth Local Government Forum*[19] (CLGF) oder die *Association Internationale de Maires Francophones* (AIMF)[20], Multi-Stakeholder-Netzwerke wie die *Cities Alliance,* von philanthropischen Stiftungen ins Leben gerufene Netzwerke wie *C40* oder aufgrund von Einzelinitiativen zustande gekommene Netzwerke wie das *Global Parliament of Mayors.*« (Angenendt et al., 2021, S. 33)

Flüchtlingspolitik und Migration gehörten bisher weniger zu deren Aufgaben, ihre Bedeutung nimmt aber offensichtlich zu. Inzwischen unterstützt auch die EU die diesbezügliche Aktivität von Städten und Kommunen. Hier gibt es also Anknüpfungspunkte für eine menschliche europäische Flüchtlingspolitik. Im Februar 2019 organisierte die Europäische Kommission zusammen mit dem Ausschuss der Regionen ein *Forum Städte und Regionen für Entwicklungszusammenarbeit* und lud dazu lokale und regionale Behörden aus Europa zusammen mit Partnerinnen und Partnern unter anderem aus Afrika ein (ebd., S. 222).

Im Jahre 2018 versprachen in Marakesch 150 Städtevertreter*innen, den »Global Compact on Migration« der UN umzusetzen. Zuvor hatte das »Mayoral Forum on Human Mobility, Migration and Development«, das seit 2014 besteht, sich schon dafür engagiert, und seit 2020 haben sich das »Mayors Forum« und das »Global Forum for Migration and Development« in dieser Sache zusammengetan (ebd., S. 23). Sie werden von der Schweizer Entwicklungszusammenarbeit, der Open Society Foundation und der Robert Bosch Stiftung finanziell unterstützt. Hier fehlt also öffentliche Finanzierung.

---

19   https://www.clgf.org.uk/
20   https://www.aimf.asso.fr/

Für diese zentrale Frage nach der Finanzierung der Arbeit von Städten und Kommunen im Dienste einer menschlichen Flüchtlings- und Migrationspolitik müssten und könnten die EU ebenso wie die nationalen Politiken der Entwicklungszusammenarbeit kreativ werden. Ein erster experimenteller Schritt ist mit der Verwendung des EU-Treuhandfonds EUTF, von dem oben schon die Rede war, für eine Unterstützung von zwei Stadtverwaltungen getan worden – von Koboko in Uganda und von Assosa in Äthiopien – die beide stark von Fluchtbewegungen betroffen waren (ebd., S. 25).

Um der verstärkt zu erwartenden Jugendarbeitslosigkeit in Afrika beizukommen, die ich schon im Kontext der Kooperation zwischen nationalen Regierungen und der EU angeführt habe, bietet die kommunale Entwicklungszusammenarbeit attraktive zusätzliche Chancen. Denn vor Ort wissen die Behörden auf beiden Seiten genauer, welche Potenziale und Bedarfe sie haben, deshalb können sie viel zielgenauer zu beider Nutzen kooperieren. Darüber hinaus könnte man auch Ausbildungspartnerschaften einrichten. Die Stadtverwaltung von Mailand ist hier jetzt mit einem Projekt vorangegangen und hat mit einem Konsortium von Partner*innen (der Stadtverwaltung Turin, der Arbeitsagentur Piemont, lokalen Akteuren in Marokko und in der Stadt Tunis) eine solche Partnerschaft in die Tat umgesetzt (ebd., S. 30).

Die Forschergruppe resümiert: »Hier besteht ein Tätigkeitsfeld für Städte: Eine systematische Einbeziehung in die Gestaltung der afrikanisch-europäischen Arbeitsmigration könnte afrikanische Städte, die ein Interesse an besseren Beschäftigungschancen für ihre Bürgerinnen und Bürger im Ausland haben, und europäische Städte mit einem spezifischen Arbeitskräftebedarf in einen fruchtbaren Austausch bringen« (ebd., S. 47).

Das »Forum Städte und Regionen für Entwicklungszusammenarbeit« der EU und der Ausschuss der Regionen haben denn auch wie zuvor das »Africa-Europe Local and Regional Government Forum« Forderungen zur Unterstützung der kommunalen Partnerschaften zwischen der Afrikanischen Union und der EU aufgestellt und weitreichende Reformen von der EU zur leichteren Finanzierung, zur lokalen Finanzautonomie und zur technischen Unterstützung kommunaler Partnerschaften verlangt (ebd., 36).

Die Autor*innen der Recherche nennen vier klare politische Schritte zur Unterstützung einer kommunalen Entwicklungszusammenarbeit mit Afrika:

(1) So könnten »Finanzierungsinstrumente für Städte stärker flucht- und migrationssensibel gestaltet werden; den (2) Städten durch neue Finanzierungsinstrumente die Kreditaufnahme erleichtert werden, um ihre flucht- und migrationsbezogenen Aufgaben zu erfüllen; (3) in Notsituationen – insbesondere bei der Aufnahme einer größeren Zahl von Flüchtlingen und Vertriebenen – die humanitäre Hilfe stärker auf Städte zugeschnitten werden, und (4) Prozesse der fiskalischen Dezentralisierung unterstützt werden, um langfristig eigene finanzielle Ressourcen zu erschließen« (ebd., S. 36).

Bei der Finanzierung muss auch bedacht werden, was wir im Kapitel über die dezentrale Aufnahme von Flüchtlingen für die EU bereits unterstrichen haben: Bürgermeister*innen muss die Aufnahme von Flüchtlingen dadurch erleichtert werden, dass Finanzierung nicht nur für Flüchtlinge, sondern auch für die einheimische Bevölkerung zur Verfügung gestellt wird. Damit wird der Konkurrenz zwischen armen Einheimischen und armen Flüchtlingen ebenso wie der Verhetzung gegen Flüchtlinge und Migration der Boden entzogen.

Diesen Weg geht man neuerdings auch in Afrika, um Flüchtlingen aus den Flüchtlingslagern Integrationsmöglichkeiten in die umgebende Gesellschaft zu bieten. Uganda hat mit seiner großzügigen Aufnahme von Flüchtlingen aus dem Süd-Sudan, die z. B. ein eigenes Stück Land zur Bearbeitung erhalten, trotz prinzipieller Harmonie zwischen Einheimischen und Flüchtlingen schließlich darauf geachtet, dass nicht nur Flüchtlinge, sondern auch Einheimische von neuen sozialen Versorgungen profitiert haben (SVR, 2020, S. 145).

Überdies sollte in Afrika wie in Europa die mit der Aufnahme von Flüchtlingen und der Organisation von Migration im weiteren Sinne verbundene Stadtentwicklung partizipatorisch gestaltet werden – Unternehmen und die organisierte Zivilgesellschaft können hier wichtige konstruktive Rollen spielen (Angenendt et al., 2021, S. 44). Damit würde die gemeinsame nachhaltige Entwicklung zwischen Europa und Afrika zugunsten der menschlichen Gestaltung von Flüchtlingspolitik und Migration zugleich auf beiden Seiten der Stärkung demokratischer Teilhabe und Governance zugutekommen. Diese wiederum hat das Zeug, Fluchtbewegungen, auch nach Europa, einzudämmen.

Der Schlüssel zur Unterstützung von kommunaler Entwicklungszusammenarbeit zwischen Afrika und der EU liegt darin, Städte und Gemeinden direkt zu unterstützen und finanzielle wie andere Leistungen nicht nur über die nationale Ebene zuzuteilen.

Schließlich wäre die Zusammenarbeit zwischen europäischen und afrikanischen Städten und Kommunen auch ein menschlicher und intelligenter politischer Weg, afrikanische Flüchtlinge auf ihren Migrationsrouten nach Europa davon abzubringen, die gefährliche Flucht über das Mittelmeer anzutreten. Die EU könnte den afrikanischen Kommunen entlang der Fluchtrouten finanziell und politisch dabei helfen, dass sie ihrerseits Flüchtlinge aufnehmen und ihnen eine Lebensperspektive bieten. Anstatt die gewachsenen Wege und Verbindungen zu blockieren, könnten sie unterstützen, dass sich in den afrikanischen Kommunen, die als Durchgangsstationen dienen, Wirtschaftsunternehmen ansiedeln und die Stadt finanziell bei der Ansiedlung von Flüchtlingen unterstützt wird. Das könnten sie zusammen mit nordafrikanischen Nichtregierungsorganisationen tun, die auch kein Interesse daran haben, dass ihre Landsleute sich in Elend und Todesgefahr nach Europa begeben. Zugleich könnte in diesen Kommunen die Bildung einer partizipatorischen Infrastruktur – eine Multi-Stakeholder Governance – gefördert werden, in der Vertreter*innen der Kommunen, der Wirtschaft und von zivilgesellschaftlichen Organisationen und Initiativen zusammen an der weiteren Entwicklung ihrer Ortschaft arbeiten.

Stattdessen investiert die EU zunehmend Milliarden in Frontex und in den Grenzschutz, in die Ausbildung von afrikanischen Polizist*innen und Grenzbeamt*innen und last not least in umfangreiche Käufe bei der europäischen Waffenindustrie, für die das Aufspüren afrikanischer Flüchtlinge zu einem mehr als lukrativen Geschäftsmodell geworden ist (vgl. Friederichs & Lobenstein, 2016). Diese Milliarden-Investitionen in Waffen und Überwachungsgeräte haben keine aufbauenden Wirkungen.

Zu Beginn dieses Kapitels habe ich gefragt: Werden dann alle aus Afrika nach Europa kommen?

Meine Antwort lautet: Wenn wir unsere wohlverstandenen langfristigen Interessen erkennen, wenn wir genauer auf Afrika schauen und den Kontinent nicht als eine Black-Box behandeln, in die wir zudem alle unsere negativen, auch rassistischen Vorurteile packen, haben wir viel mehr Handlungsmöglichkeiten, als wir auf Anhieb denken, um eine für beide Seiten gedeihliche Kooperation zu gestalten. Die kommt nicht von allein, für die brauchen wir Phantasie, Tatkraft, zielgerichtetes Handeln, auch Mut. Aber wenn wir strategisch handeln, werden nicht »alle« Afrikaner*innen, für die es dann andere, attraktivere Perspektiven in ihrer Heimat gibt, nach Europa kommen, so wie übrigens auch bisher die überwiegende Mehrheit der flüchtenden Afrikaner*innen in Afrika, möglichst nahe an ihrem Zuhause, geblieben sind.

Wie es in Zukunft wird, hängt also zu großen Teilen von uns Europäern ab. Aber unsere »Macht« liegt nicht in Drohnen, Waffen und Grenzzäunen, die Afrikas Zukunft unterminieren, uns den Afrikaner*innen entfremden und im Grunde sehr primitive Mittel sind. Unsere »Macht« liegt im Sinne Hannah Arendts in unserer Fähigkeit, gemeinsame Projekte in Gang zu setzen und durchzuführen, in unsrem Einfallsreichtum, unserer Vorurteilslosigkeit, unserem Mut und last not least in unserem Glauben an unsere Werte. Die würden nichts taugen, und wir könnten sie von vornherein aufgeben, wenn sie keine Richtschnur böten für unser gemeinsames Überleben und unsere gemeinsame Entwicklung mit dem Ziel eines »guten Lebens«.

Welche Aussicht bietet dagegen die Fortsetzung der bisherigen Flüchtlingspolitik gegenüber Afrika? Oder anders formuliert: Was ist – zusammengefasst – der Preis, den wir alle für die Fortsetzung von Europas unmenschlicher Flüchtlingspolitik zahlen, die unseren langfristigen Interessen widerspricht?

VI Die Kosten des »Weiter so«
und was uns entgeht

In dem Allmachtswahn, den Zugang für Flüchtlinge nach Europa lückenlos versperren zu können, handeln wir nicht nur unmenschlich, sondern entziehen auch einer gemeinsamen Zukunft mit Afrika den Boden. Und dies in einer Welt, in der wir unbedingt Verbündete für unsere Lebensweise brauchen.

Wir unterminieren den Wohlstand unseres Nachbarkontinents und steigern so die Zahl der Afrikaner*innen, die sich nach Europa aufmachen werden.

Wir fördern in Afrika zusätzlich zerstörerische Wut und Aggression, die sich in »Terrorismus« entladen werden, der auch Europa erreichen wird.

Wir pumpen riesige Summen Geld in Waffenfirmen, indem wir immer mehr Waffen, Grenzbefestigungen, Drohnen und Gefängnisse an Europas Außengrenzen und in Afrika finanzieren, anstatt das Geld für konstruktive friedliche Lösungen einzusetzen.

Wir unterwerfen uns mit unserer illusorischen Abschottungsstrategie launischen Diktator*innen wie schon jetzt dem türkischen Präsidenten Erdogan, in dessen Abhängigkeit wir uns würdelos begeben und der für Europa und seine Repräsentant*innen nur Verachtung übrig hat. Denn er handelt nicht nur selbst zynisch, sondern durchschaut auch die Scheinheiligkeit der Europäer*innen, wenn sie ihm die Missachtung der Menschenrechte in seinem Land vorhalten.

Wir verlieren zugleich die Achtung vor uns selbst, weil wir unsere Scheinheiligkeit gegenüber unseren proklamierten Werten nicht auf Dauer vor uns selbst verbergen können. Mit dem Verlust der Selbstachtung geht der Verlust unseres Selbstwertgefühls einher.

Die Politiker*innen, die im Wesentlichen im Europäischen Rat – anders als das Europäische Parlament es will – diese Politik wie bisher exekutieren, setzen das scheinheilige Doppelspiel fort und wundern sich über den Vertrauensverlust der Bürger*innen in ihre Politik und die Europäische Union. Sie begreifen nicht, dass die Unfähigkeit, konstruktive Lösungen zu finden, frustriert und ängstigt und dass Menschen in ihrem privaten und sozialen Leben nicht auf Dauer schizophren in der Lüge leben können, wie dies die entscheidenden Politiker*innen offenbar können.

Wenn sich Politiker*innen in dieser Gespaltenheit, allein schon um sich weiter in der Wirklichkeit orientieren zu können, einen Rest an Realitätssinn bewahren wollen, müssen sie zu klarsichtigen Zyniker*innen werden, die wissen, dass die proklamierten Werte für ihre politischen Entscheidungen irrelevant sind. Öffentlich können sie sich aber zu diesem Zynismus nicht bekennen, weil Zynismus eine demokratische Gesellschaft zersetzt.

Wir sehen, die Kosten der unmenschlichen Flüchtlingspolitik der Europäischen Union sind erdrückend. Aber lassen sich Menschen durch die Drohung hoher Kosten motivieren, die Politik zu ändern? Stehen auch uns nur Warnung oder Abschreckung zu Gebote, wenn wir einen Wandel bewirken wollen? Mit welcher Alternative könnten wir stattdessen locken oder überzeugen?

Hier ist sie:

Wir folgen unserer Einsicht in unsere eigenen wohlverstandenen langfristigen – also nachhaltigen – Interessen, die darin liegen, in einer gemeinsamen Welt eine friedliche, auskömmliche und gute Zukunft zu finden.

Dazu gehört, für Migration und Flucht konstruktive Wege zu finden und die Illusion aufzugeben, dass wir uns in Europa abschotten können.

Dazu gehört auch, Migration als eine Chance für alle zu begreifen, sie als Win-win-Situation zu gestalten, anstatt uns gegenseitig unaufhörlich Hindernisse in den Weg zu legen.

In Europa können wir auf konstruktive langfristige Interessen der Gemeinden bauen, die nicht nur aus humanitären Gründen, sondern auch um ihrer eigenen Zukunft willen bereit sind, Flüchtlinge und Migrant*innen aufzunehmen.

Deren Entscheidungen können wir durch mehr Teilhabe der Bürger*innen an der Entwicklung ihrer Lebenswelt in den Kommunen – in »Entwicklungsbeiräten« – auf eine breite Basis der Zustimmung stellen.

Ein »Europäischer Fonds für Integration und kommunale Entwicklung« kann sowohl die Aufnahme von Flüchtlingen als auch – in derselben Höhe – weitere Entwicklungen der Gemeinden finanzieren.

Gemeinden stellen ihre Aufnahmeangebote auf ihre Website, damit in einem Matching-System Flüchtlinge und Kommunen möglichst zu einer Interessenübereinstimmung gelangen.

Eine »Koalition von willigen Staaten« verlässt die Sackgasse der gegenwärtigen Blockade in der Flüchtlingspolitik. In Absprache mit ihren aufnahmewilligen Kommunen verpflichten sie sich zur dezentralen Aufnahme von Flüchtlingen, auch von solchen, die nach einem Asylverfahren nicht rückgeführt werden können.

Europäische Asylverfahren folgen in europäischen Prüfzentren oder in dezentralen kommunalen Asylverfahren der Logik der niederländischen Asylverfahren: Transparenz, Fairness, Vertrauenswürdigkeit, Schnelligkeit.

Die Angst vor dem sogenannten Pull-Effekt vor allem auf afrikanische Flüchtlinge wird durch eine konstruktive gemeinsame Entwicklung mit Afrika überwunden, die wiederum vor allem europäische und afrikanische Städte und Kommunen zusammen voranbringen.

Und was lassen wir uns mit der bisherigen destruktiven und unmenschlichen Flüchtlingspolitik entgehen?

Stellen wir uns eine Kleinstadt in der Europäischen Union vor, in einer Gegend, aus der viele abwandern. Solche Gegenden gibt es inzwischen viele in Europa.

Unsere Kleinstadt heißt Hettstedt. Sie liegt im Südharz, in Sachsen-Anhalt. Wie viele andere ostdeutsche Städte hat Hettstedt nach der Wende 1989 im Laufe der Jahre fast 40 Prozent seiner Bevölkerung verloren, sie ist von ca. 25 000 auf ca. 15 000 Einwohner*innen geschrumpft. Die Stimmung wurde depressiv, die Situation gefährlich: Die Finanzierung durch das Land, die pro Einwohner*in berechnet wird, nahm ab, die Instandhaltung der Infrastruktur wurde angesichts von immer weniger Einwohner*innen immer teurer, Schulen und Kindergärten mussten schließen. Unternehmen fanden trotz Arbeitslosigkeit nicht genügend Arbeitskräfte, Wohnungen standen leer, der Fußballverein verlor seinen Nachwuchs. In dieser Situation sucht der Bürgermeister von Hettstedt Danny Kavalier nach Auswegen.

Er präsentiert mit Hilfe seiner Verwaltung die schwierige Lage der Kleinstadt öffentlich einer Bürger*innenversammlung. Fragen stellen sich für das tägliche Leben: »Wer pflegt alte Menschen? Wie finden wir Erzieher für unsere Kinder, Arbeitskräfte und Feuerwehrleute?«, so der Soziologe und Ökonom Andreas Siegert, der die Stadt wissenschaftlich begleitete, in einem Zeitungsinterview der »Mitteldeutschen Zeitung« (15. August 2018).

Das Städtchen hat eine Vergangenheit, die man bis ins 11. Jahrhundert zurückverfolgen kann, u. a. wegen ihres Kupferbergwerks. Der Dichter Novalis ist ganz in der Nähe geboren. Hettstedt hat malerische Häuser, aber es braucht Menschen.

Im Jahr 2015 kommen viele Flüchtlinge nach Deutschland, der Bürgermeister hat die Idee, mehr davon aufzunehmen, als seinem Städtchen zugeteilt worden sind. Die Einwohner*innen, auch Unternehmen und Bürger*inneninitiativen, stimmen seiner Idee mehrheitlich zu unter der Bedingung, dass sie in die Entscheidung einbezogen werden. Das geschieht.

Der wissenschaftliche Berater Andreas Siegert führt mit Kolleg*innen Befragungen durch: Was ist den Menschen wichtig? »Da ging es um die Zufriedenheit der Bürger mit der Infrastruktur, zum Beispiel mit dem Nahverkehr, den Straßen, der medizinischen Versorgung, dem Handel sowie den Angeboten bei Bildung, Kultur, Sport und sozialer Betreuung. Wir haben gefragt, was verbessert werden müsste, was als Problem empfunden wird und was den Ort lebenswert macht. Außerdem haben wir zur wirtschaftlichen Situation, zu Mitwirkungsmöglichkeiten und zu Erfahrungen mit Migranten gefragt« (»Mitteldeutsche Zeitung«, Mittwoch, 15. August 2018)

Das Ergebnis ist interessant:

»Für die Menschen ist die soziale und berufliche Einbettung sehr wichtig. Wie viel Geld sie verdienen, ist oft gar nicht so entscheidend. Die Leute wollen vor allem, dass das Wohnumfeld und die Straßen in Ordnung sind. Dass es Kitas, Schulen, Parks, soziale und kulturelle Einrichtungen gibt. Interessant ist, dass Hettstedter – trotz wahrgenommener Mängel – zufriedener sind, als Eisleber.« (ebd.) Hettstedt nimmt Flüchtlinge auf, seine Einwohnerzahl stabilisiert sich innerhalb mehrerer Jahre.

Unterstützt wird der Bürgermeister vom Fußballverein FC Hettstedt, der seine Elfermannschaft nicht mehr voll bekommen hatte und Nachwuchs braucht. Er trägt Entscheidendes dazu bei, dass die soziale Integration der neuen migrantischen Bürger*innen gelingt. Dessen Geschäftsführer hilft bei der Wohnungssuche und findet für die Frau eines neuen Mitspielers eine Stelle bei der Diakonie.

Im FC Hettstedt spielen nun Syrer, Iraker und Afghanen mit. Dank der neuen Spieler mit Torschützenkönig Hussein Alkabib steigt der Verein von der zweiten Kreisklasse in die Kreisoberliga auf. Das macht alle miteinander stolz. (»Mitteldeutsche Zeitung«, 13. Juli 2018)

Im Ort öffnet ein Syrer ein Lebensmittelgeschäft »Bazar Palmyra« mit arabischen Spezialitäten. Bald kommen Kund*innen nicht nur aus dem Kreis der Geflüchteten. Auch Einheimische finden Gefallen am Olivensalat, an den eingelegten Auberginen und am Dattelgebäck.

Die Stadt sorgt für möglichst viele persönliche Begegnungen zwischen Einheimischen und Flüchtlingen. Dabei und bei kulturellen Projekten entsteht langsam Vertrauen zwischen den Menschen, die Substanz für alle weitere Zusammenarbeit.

Entscheidend trägt dazu auch ein Theaterprojekt bei. Die engagierte Initiatorin und Leiterin Katrin Schinköth-Haase führt zunächst geographische und historische »Raumerkundungen« der angeworbenen Laienschauspieler*innen, von Einheimischen und Geflüchteten zwischen 6 und 62 Jahren in ihrem Hettstedt durch. Zugleich suchen sie nach Wegen, die sie zu ihrer »inneren« Erkundung gehen können. Das Engagement wächst, man schreibt gemeinsam ein Theaterstück, in dem auch die Hettstedter Situation zwischen Einheimischen und Flüchtlingen thematisiert wird. Viele Aufführungen ziehen die Hettstedter in ihren überfüllten Rathaussaal. (Siegert, 2019, S. 72 ff.)

Leider findet sich kein Geld für ein Anschlussprojekt. Dabei ist es ein Musterbeispiel dafür, wie gemeinsame kulturelle Aktivitäten Menschen zusammenführen können und ihnen neue Erfahrungen von Sinn und Verständigung vermitteln, auch den Einheimischen.

In Hettstedt erlebt man, wie hilfreich es für das Zusammenwachsen alter und neuer Bewohner*innen ist, wenn die Neuen den Einheimischen nicht einfach »aufs Auge gedrückt« werden. Wie überall in Ostdeutschland ist die AfD im Südharz stark. Rund um Hettstedt gibt es auch Gewaltanschläge. In Hettstedt jedoch nicht. (ebd., S. 92 ff.)

In der Kleinstadt im Südharz konnten und können Menschen erfahren, wie man mit Phantasie und Energie glückende Auswege aus schwierigen Situationen findet und dass es gelingen kann, sich sinnvoll und mit Freude am Erfolg zu engagieren.

Eben dies: Lebenssinn und Freude, die aus gelingender Verständigung und einem guten Zusammenleben erwachsen – das ist es, was uns entgeht, wenn wir mit der unmenschlichen Flüchtlingspolitik fortfahren. Das ist es, was wir umgekehrt gewinnen, wenn wir uns gemeinsam zu einer menschlichen Flüchtlingspolitik auf den Weg machen.

Literaturverzeichnis

Adams, A. & Adams, W. P. (Hrsg.). (2014). *Hamilton/Madison/Jay, Die Federalist-Artikel*. Paderborn: UTB.

Angenendt, S., Biehler, N. & Kipp, D. (2021). Städte und ihre Netzwerke in der europäisch-afrikanischen Migrationspolitik: überschätzte Hoffnungsträger? SWP-Studie. [In Vorbereitung, Stand Juni 2021]

Bansak, K., Ferwerda, J., Hainmueller, J., Dillon, A., Hangartner, D., Lawrence, D. & Weinstein, J. (2018). Improving refugee integration through data-driven algorithmic assignment. *Science, 359*(6373), 325–329.

Bast, J., von Harbou, F., Wessels, J. (2020). Human Rights Challenges to European Migration Policy (REMAP).

Calamur, K. (2019, 26. April). How Technology Could Revolutionize Refugee Resettlement. *The Atlantic*. Abrufbar unter https://www.theatlantic.com/international/archive/2019/04/how-technology-could-revolutionize-refugee-resettlement/587383/

Deutsch, K. W. (1969). *Politische Kybernetik: Modelle und Perspektiven*. Freiburg i. Br: Rombach.

Deutsche Welle. (2019, 27. November). UN geißeln Bedingungen in griechischen Flüchtlingslagern. Abrufbar unter www.dw.com/de/un-gei%C3%9Feln-bedingungen-in-griechischen-fl%C3%BCchtlingslagern/a-51442802

El Kamouni-Janssen, F., Shadeedi, H. & Ezzeddine, N. (2018). Local security governance in Libya: Perceptions of security and protection in a fragmented country. *CRU Report*. Clingendael Netherlands Institute for International Relations. Abrufbar unter https://www.clingendael.org/pub/2018/diversity_security_Libya/

European Asylum Support Office (EASO). (2021). Asylum Trends 2020 preliminary overview. Abrufbar unter https://www.easo.europa.eu/asylum-trends-2020-preliminary-overview

Europäisches Parlament. (2018, 6. Dezember). Humanitäre Visa: Vorschlag des EU-Parlaments. Abrufbar unter https://www.europarl.europa.eu/news/de/headlines/world/20181031STO18177/humanitare-visa-vorschlag-des-eu-parlaments

Europe Welcomes. (2021). Europe Welcomes. *The Greens/EFA in the European Parliament*. Abrufbar unter https://www.europewelcomes.org/#

Fachkommission Fluchtursachen (2021). Krisen vorbeugen, Perspektiven schaffen, Menschen schützen. Bericht der Fachkommission Fluchtursachen der Bundesregierung.

Fontana, S. (2021). Integrations- & Entwicklungsfonds: Rechtsgutachten zur Umsetzbarkeit einer EU-geförderten kommunalen Integrations- und Entwicklungsinitiative. *Friedrich Ebert Stiftung*. Abrufbar unter https://brussels.fes.de/fileadmin/public/editorfiles/events/2021/Q2/S._Fontana__2021__Der_Europaeische_Entwicklungs-_und_Integrationsfonds_-_FES_Rechtsgutachten.pdf

Frankfurter Rundschau. (2021, 2. Januar). »Kann nicht die Lösung sein«: Merz gegen Aufnahme von Geflüchteten aus Bosnien und Griechenland. *Frankfurter Rundschau*. Abrufbar unter https://www.fr.de/politik/friedrich-merz-cdu-aufnahme-fluechtlinge-bosnien-griechenland-90156943.html

Friederichs, H. & Lobenstein, C. (2016, 27. Oktober). Die gekaufte Grenze. Deutschland rüstet afrikanische Staaten wie Tunesien mit Überwachungstechnik auf, um Flüchtlinge zu stoppen. Für europäische Konzerne ist das ein Milliardengeschäft. *DIE ZEIT 45/2016*. Abrufbar unter https://www.zeit.de/2016/45/fluechtlinge-grenze-schutz-tunesien-ueberwachungstechnik

Grandi, F. (2019, 9. April). [UN] Security Council receives briefing by High Commissioner for Refugees Filippo Grandi. Abrufbar unter https://www.youtube.com/results?search_query=%5BUN%5D+Security+Council+receives+briefing+by+High+Commissioner+for+Refugees+Filippo+Grandi

Koch, A., Weber, A. & Werenfels, I. (Hrsg.) (2018). Migrationsprofiteure? Autoritäre Staaten in Afrika und das europäische Migrationsmanagement, *SWP-Studie 3/April 2018*. Stiftung Wissenschaft und Politik

Lipowicz, I. (2019). *Samorzad Terytorialny XXI Wieku* [Territoriale Sebstverwaltung im 21. Jahrhundert]. Warschau: Wolters Kluwer.

Lüdke, S. (2020, 30. Juni). UNHCR-Chef über Flüchtlingspolitik der EU: »Einem der reichsten Flecken auf der Erde gelingt es nicht, sich zusammenzureißen«. *Der Spiegel*. Abrufbar unter https://www.spiegel.de/ausland/unhcr-chef-filippo-grandi-ueber-fluechtlinge-wenn-uganda-das-schafft-warum-nicht-europa-a-ad9a28b5-3204-4fb2-a733-973c3c698e77

Mijatovic, D. (2020, 22. Juni). Flüchtlingsschutz in Europa die EMRK und darüber hinaus. *Council of Europe*. Abrufbar unter https://rm.coe.int/fluchtlingsschutz-in-europa-die-emrk-und-daruber-hinaus-video-an sprach/16809ebe78

RefugeesAI. (2019). Resettlement that empowers refugees and communities. Abrufbar unter https://www.refugees.ai/

Sachverständigenrat deutscher Stiftungen für Integration und Migration (SVR). (2020). Gemeinsam gestalten: Migration aus Afrika nach Europa. *Jahresgutachten 2020*. Abrufbar unter https://www.svr-migration.de/publikationen/jahresgutachten-2020/

Scherrer, A. (2020). Dublin Regulation on international protection application: European Implementation Assessment. *European Parliamentary Research Service*. Abrufbar unter https://www.europarl.europa.eu/RegData/etudes/STUD/2020/642813/EPRS_STU(2020)642813_EN.pdf

Siegert, A. (Hrsg.). (2019). »anKommen – willKommen«: Regionalkonzept zur Verbesserung der Daseinsvorsorge, Aktivierung Ortsansässiger und nachhaltigen Integration von Einwanderern – Handbuch. *Forschungsberichte aus dem zsh 19–01*. Zentrum für Sozialforschung Halle e. V.

Starzmann, P. (2020, 11. Mai). Wie afrikanische Politiker in der Coronakrise alte Klischees widerlegen. *Der Tagesspiegel*. Abrufbar unter https://www.tagesspiegel.de/politik/ewiger-krisenkontinent-wie-afrikanische-politiker-in-der-coronakrise-alte-klischees-widerlegen/25819236.html

Strittmatter, K. (2021, 15. April). Dänemark schickt Geflüchtete zurück nach Syrien. *Süddeutsche Zeitung*. Abrufbar unter https://www.sueddeutsche.de/politik/daenemark-syrien-asyl-fluechtlinge-1.5265844

Thränhardt, D. (2016). Asylverfahren in den Niederlanden. Gütersloh: Bertelsmann Stiftung. Abrufbar unter https://www.bertelsmann-stiftung.de/fileadmin/files/Projekte/28_Einwanderung_und_Vielfalt/IB_Studie_Asylverfahren_NL_Thraenhardt_2016.pdf

Trapp, A., Teytelboym, A., Martinello, A., Andersson, T. & Ahani, N. (2020). Placement Optimization in Refugee Resettlement. *Working Paper 2018:23 Department of Economics*. Lund University. Abrufbar unter https://project.nek.lu.se/publications/workpap/papers/wp18_23.pdf

Trudeau, J. (2018, 7. November). Statement of apology on behalf of the Government of Canada to the passengers of the MS St. Louis. *Prime Minister of Canada*. Abrufbar unter https://pm.gc.ca/en/news/speeches/2018/11/07/statement-apology-behalf-government-canada-passengers-ms-st-louis

UNHCR. (2019). Population Statistics per Location – Kakuma Camp. Abrufbar unter https://data2.unhcr.org/en/documents/download/71190

UNHCR(a). (2020). To the European Union: Resettlement Needs and Key Priorities for 2021. UNHCR Recommendations. Abrufbar unter https://www.unhcr.org/en-us/publications/euroseries/5fb7e43a4/unhcr-recommendations-european-unionresettlement-needs-key-priorities.html

UNHCR(b). (2020). Refugees and Asylum Seekers in Uganda: Uganda Refugee Response. Abrufbar unter https://data2.unhcr.org/en/documents/details/73905

UNHCR(c). (2020). Dadaab Refugee Complex. UNHCR Kenya. Abrufbar unter https://www.unhcr.org/ke/dadaab-refugee-complex

UNHCR(d). (2020). Tanzania Refugee Situation Statistical Report. Abrufbar unter https://data2.unhcr.org/en/documents/details/74028

Zick, T. (2021, 9. März). Schwere Vorwürfe gegen Europas Flüchtlingspolitik. *Süddeutsche Zeitung*. Abrufbar unter https://www.sueddeutsche.de/politik/migration-mittelmeer-europa-menschenrechte-1.5229226

Alle Links auf Stand 11. Mai 2021